U0681454

会计基础

KUAI JI JI CHU

肖燕　刘珊珊　主编

经济管理出版社
ECONOMY & MANAGEMENT PUBLISHING HOUSE

图书在版编目（CIP）数据

会计基础 / 肖燕，刘珊珊主编. —北京：经济管理出版社，2015.2

ISBN 978-7-5096-3509-4

Ⅰ. ①会… Ⅱ. ①肖… ②刘… Ⅲ. ①会计学 Ⅳ. ①F230

中国版本图书馆 CIP 数据核字（2014）第 276317 号

组稿编辑：魏晨红

责任编辑：瑞　鸿

责任印制：黄章平

责任校对：超　凡

出版发行：经济管理出版社

　　　　　（北京市海淀区北蜂窝 8 号中雅大厦 11 层　　100038）

网　　　址：www. E-mp. com. cn

电　　　话：(010) 51915602

印　　　刷：北京市海淀区唐家岭福利印刷厂

经　　　销：新华书店

开　　　本：787mm×1092mm/16

印　　　张：13

字　　　数：269 千字

版　　　次：2015 年 2 月第 1 版　　2015 年 2 月第 1 次印刷

书　　　号：ISBN 978-7-5096-3509-4

定　　　价：42.00 元

编　委

主　　　审：凯书章　卢光武
主　　　编：肖　燕　刘珊珊
副　主　编：胡　玮　张　可　龚　玮
参　　　编：詹世玉　李　文　刘亚娟
编者信息情况：

　　　　　凯书章（贵州省财政学校　副校长、中国注册会计师、中国
　　　　　　　　　注册资产评估师、高级讲师）

　　　　　卢光武（北京兴华会计师事务所贵州分所总经理、中国注册
　　　　　　　　　会计师）

　　　　　肖　燕（贵州省财政学校　专业带头人）

　　　　　刘珊珊（贵州省财政学校　财会教研室教师）

　　　　　胡　玮（贵州省财政学校　财会教研室教师）

　　　　　张　可（贵州省财政学校　财会教研室教师）

　　　　　龚　玮（贵州省财政学校　财会教研室教师）

　　　　　詹世玉（用友新道科技有限公司）

　　　　　李　文（贵州汇隆会计师事务所有限公司）

　　　　　刘亚娟（贵州汇隆会计师事务所有限公司）

作者简介

肖燕，贵州省财政学校高级讲师，会计师，中国注册会计师。从事会计教学工作20年，是会计职称系列培训资深教师、贵州省农村财务培训名师，教学经验丰富。近年来，具体负责"基础会计"课程的教学改革，曾主编、参编教材7部，参与课题3项。

刘珊珊，贵州省财政学校教师，近年来参加"会计基础"课程的教学改革，参与了贵州省基层财政干部的培训和培训教材的编写，2013~2014年连续两年指导学生参加贵州省职业院校技能大赛暨全国职业院校技能大赛选拔赛取得优异成绩，并获得优秀指导老师荣誉称号。

前　言

为适应国家中等职业教育财经类相关专业教学改革的需要，促进职业教育为区域经济服务，本书以国家现行财经法规制度和会计从业资格考试大纲为依据，立足于地区社会经济发展和学生实际情况，在中等职业教育项目课程改革"十二五"规划教材《基础会计》的基础上修订而成。

会计基础内容复杂，系统性和操作性都较强，对会计知识储备近乎空白和缺乏社会实践经验的在校学生或会计初学者而言，学习兴趣不高，学习效果不佳。如何让学生和会计初学者快速入门，为之后的专业课程学习和未来的职业生涯打下良好的基础呢？本书内容上体现国家相关法律法规制度和会计从业资格考试大纲，并注重与课程内容的衔接，以会计工作过程为导向，运用项目任务驱动课程设计的基本理念，结合会计职业基础知识和会计实践工作，按照工作过程设计教学任务，以学生为中心，实现教、学、做一体化。内容通俗易懂，繁简得当，文字表达简洁明了，举例生动，易于理解。

本书共包括四个模块，每个模块均由案例引出，在编排方式上注重图文并茂，适当穿插必要的图表。模块下分项目和任务，根据相应内容设计"任务描述"、"知识平台"、"任务实施"、"想一想"和"小链接"等栏目，实现教、学、做相结合。这些栏目是对相关工作任务、知识要点及情境的介绍，或是检验学生任务实施的效果，以增加学生和学习者的兴趣，开阔视野，培养思考能力，为延伸学习打好基础。

本书由贵州省财政学校凯书章、北京兴华会计师事务所卢光武担任主审，贵州省财政学校肖燕、刘珊珊担任主编，并负责拟定编写大纲，对全书进行总纂，贵州省财政学校的胡玮、张可、龚玮担任副主编。担任本书编写的人员有：贵州省财政学校肖燕（模块一）；贵州省财政学校刘珊珊（模块二）；贵州省财政学校张可（模块三）；贵州省财政学校胡玮和龚玮（模块四）。另用友新道科技有限公司詹世玉，贵州汇隆会计师事务所李文、刘亚娟参编并给予了指导意见。

在编写过程中，本书参考了有关法律法规制度、有关教材和著作的相关内容，再次谨向这些文献的作者表示诚挚的谢意！

由于时间仓促，加上我们的经验和水平所限，书中难免有不足之处，敬请读者批评指正！

编　者

2014 年 12 月

目　录

（8）凭营业执照到公安局特行科指定的刻章社，去刻公章、财务章。

（9）办理企业组织机构代码证。凭营业执照到技术监督局办理组织机构代码证。

（10）到银行开基本账户。凭营业执照、组织机构代码证去银行开立基本账户。

（11）办理税务登记。领取执照后，30日内到当地税务局申请领取税务登记证。办理税务登记证时，必须有一名会计，因为税务局要求提交的资料其中有一项是会计资格证和身份证。

（12）申请领购发票。到税务局去申领发票。

（13）开始营业。

企业各种证照如图1-1-1所示。

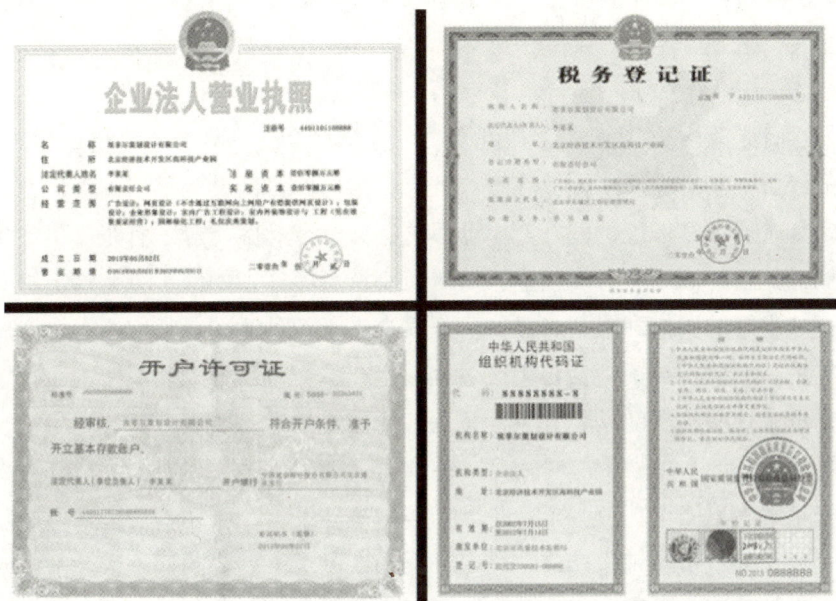

图 1-1-1　企业各种证照

四、企业简介

（一）企业外观

根据相关法律的规定，成立一家企业需要有固定的工作场所，如一个制造业要有办公楼、厂房、仓库等。

（二）企业部门及人员

企业要正常进行生产经营活动，需要设置很多部门，并配备相关的工作人员。一般中小企业可以按如图1-1-2所示的组织结构来设置部门和聘用人员。

项目一　走进企业

任务一　了解一下社会经济活动

任务描述

了解社会经济活动，了解社会经济活动与会计的关系。

知识平台

要学好会计，就要先了解社会经济活动。人类社会发展到今天，经历了很多阶段，各个阶段的经济活动都有所不同。在现代社会，参与经济活动的部门和单位有很多，有国家机关，如政府及其职能部门；有事业单位，如学校、医院等；有企业，如生产产品的工厂、商品流通的商场、各类商业银行等；有社会团体，如红十字会等，这些部门和单位为了完成自己的工作和履行自己的责任就会进行各种活动，它们的资金以不同的形态周而复始地运动就构成了社会再生产过程的生产、交换、分配和消费四个环节。会计的工作就是记录这些经济活动，并将信息反映给需要的人。所以，只有先研究这些经济活动，才能学好会计。

我们来了解一下四个环节：生产是人们利用机器设备对原材料加工并形成物质产品的过程；交换是通过市场销售产品、满足社会和人民生活需要的过程；分配是对生产过程中创造出来的价值在国家、集体、个人之间进行分配；消费是社会再生产过程中发生的人力、物力、财力的耗费。各部门和单位在社会再生产过程中的地位不同，担负的任务不同，资金运动的方式也不尽相同。

任务实施

学生分组讨论对社会经济活动的认识。

任务二　到企业去看看

任务描述

了解什么是企业，了解企业的开办、部门的设置、人员的配备和企业的经济活动。

知识平台

一、企业是什么

企业具有以下共同特征：以盈利为目的，运用各种生产要素（土地、劳动力、资本、技术和企业家才能等）向市场提供商品或服务，自主经营、自负盈亏、独立核算。具备这些特征的法人和经济组织都是企业。

想一想

你知道哪些著名的企业？

二、企业的分类

根据不同的标准，企业可分为以下几类：

（1）按照企业在社会再生产过程中的职能，可分为工业企业、商品流通企业、农业企业、饮食服务企业、交通运输企业、金融保险企业、施工企业、旅游企业、房地产开发企业等。

（2）按照企业组织形式，可分为公司制企业和非公司制企业。公司制企业可分为有限责任公司和股份有限公司，有限责任公司包括国有独资公司、股份有限公司，股份有限公司又分为上市公司和非上市公司。有限责任公司是指股东以其认缴的出资额为限对公司承担责任；股份有限公司是指股东以其认购的股份为限对公司承担责任。

（3）按照企业所有制形式，可分为全民所有制企业（即国有独资公司）、集体所有制企业、外商投资企业（包括中外合资经营企业、中外合作经营企业和外商独资企业）及私营企业。

小链接

普通的有限责任公司，最低注册资金为3万元，需要两个（或以上）股东，从2006年1月起新的《公司法》规定，允许1个股东注册有限责任公司，这种特殊的有限责任公司又称"一人有限公司"（但公司名称中不会有"一人"字样，执照上会注明"自然人独资"），最低注册资金10万元。如果你和朋友、家人合伙投资创业，可选择普通的有限公司，最低注册资金为3万元；如果只有你一个人作为股东，则选择一人有限公司，最低注册资金为10万元。

三、怎样才能开办一家企业呢

下面就来看看开办企业的具体流程：

（1）核名。到工商局领取一张"企业（字号）名称预先核准申请表"（见表 1-1-1），填写你准备好的公司名称，工商局核准后，核发"企业（字号）名称预先核准通知书"，以后就可以使用该名称进行经营了。

表 1-1-1　企业名称预先核准申请书

申请企业名称	
备选企业名称 （请选用不同的字号）	1.
	2.
	3.
经营范围	许可经营项目： 一般经营项目： （只需填写与企业名称行业表述一致的主要业务项目）
注册资本（金）	（万元）
企业类型	
住所所在地	
指定代表或者委托代理人	
指定代表或委托代理人的权限： 1.同意□不同意□核对登记材料中的复印件并签署核对意； 2.同意□不同意□修改有关表格的填写错误； 3.同意□不同意□领取《企业名称预先核准通知书》。	
指定或者委托的有效期限	自　年　月　日至　年　月　日

注：①手工填写表格和签字请使用黑色或蓝黑色钢笔、毛笔或签字笔，请勿使用圆珠笔。
　　②指定代表或者委托代理人的权限需选择"同意"或者"不同意"，请在□中打√。
　　③指定代表或者委托代理人可以是自然人，也可以是其他组织；指定代表或者委托代理人是其他组织的，应当另行提交其他组织证书复印件及其指派具体经办人的文件、具体经办人的身份证件。

（2）拟定"公司章程"。

（3）刻制企业印章，主要是法人代表的私章。

（4）到会计师事务所领取"银行询征函"。

（5）开立公司验资账户。所有股东带上自己入股的那一部分资金到银行，带上公司章程，工商局发的"企业（字号）名称预先核准通知书"，法人代表的私章、身份证，到银行去开立公司账户，并告诉银行是开验资户。开立公司账户后，股东按各自的出资额向公司账户中存入相应的资金。银行会发给每个股东缴款单并在询征函上盖章。

（6）办理验资报告。拿着银行出具的股东缴款单、银行盖章后的询征函，以及公司章程、核名通知、房租合同、房产证复印件到会计师事务所办理验资报告。

（7）注册公司。到工商局领取公司设立登记的各种表格，包括设立登记申请表、股东（发起人）名单、董事经理监理情况、法人代表登记表、指定代表或委托代理人登记表。填好后，连同核名通知、公司章程、房租合同、房产证复印件、验资报告一起交给工商局，领取营业执照。

（8）凭营业执照到公安局特行科指定的刻章社，去刻公章、财务章。

（9）办理企业组织机构代码证。凭营业执照到技术监督局办理组织机构代码证。

（10）到银行开基本账户。凭营业执照、组织机构代码证去银行开立基本账户。

（11）办理税务登记。领取执照后，30日内到当地税务局申请领取税务登记证。办理税务登记证时，必须有一名会计，因为税务局要求提交的资料其中有一项是会计资格证和身份证。

（12）申请领购发票。到税务局去申领发票。

（13）开始营业。

企业各种证照如图1-1-1所示。

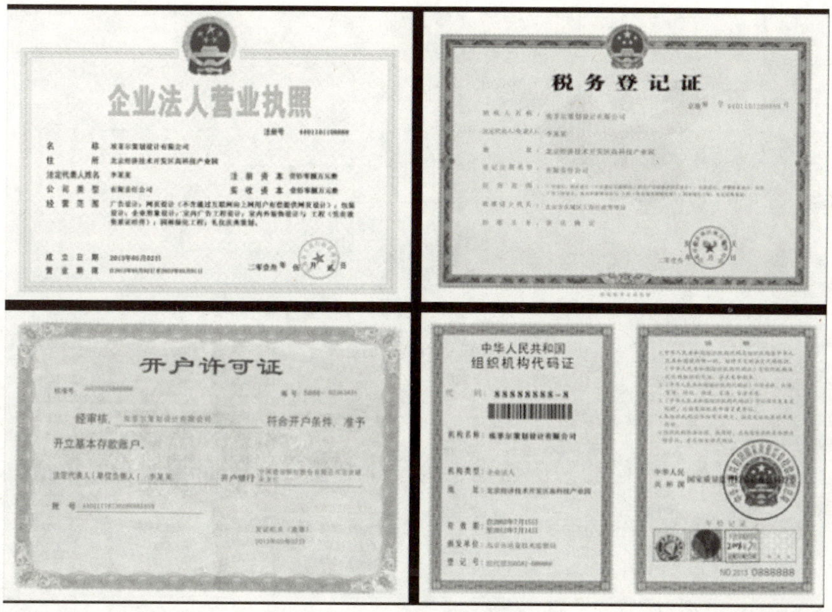

图 1-1-1　企业各种证照

四、企业简介

（一）企业外观

根据相关法律的规定，成立一家企业需要有固定的工作场所，如一个制造业要有办公楼、厂房、仓库等。

（二）企业部门及人员

企业要正常进行生产经营活动，需要设置很多部门，并配备相关的工作人员。一般中小企业可以按如图1-1-2所示的组织结构来设置部门和聘用人员。

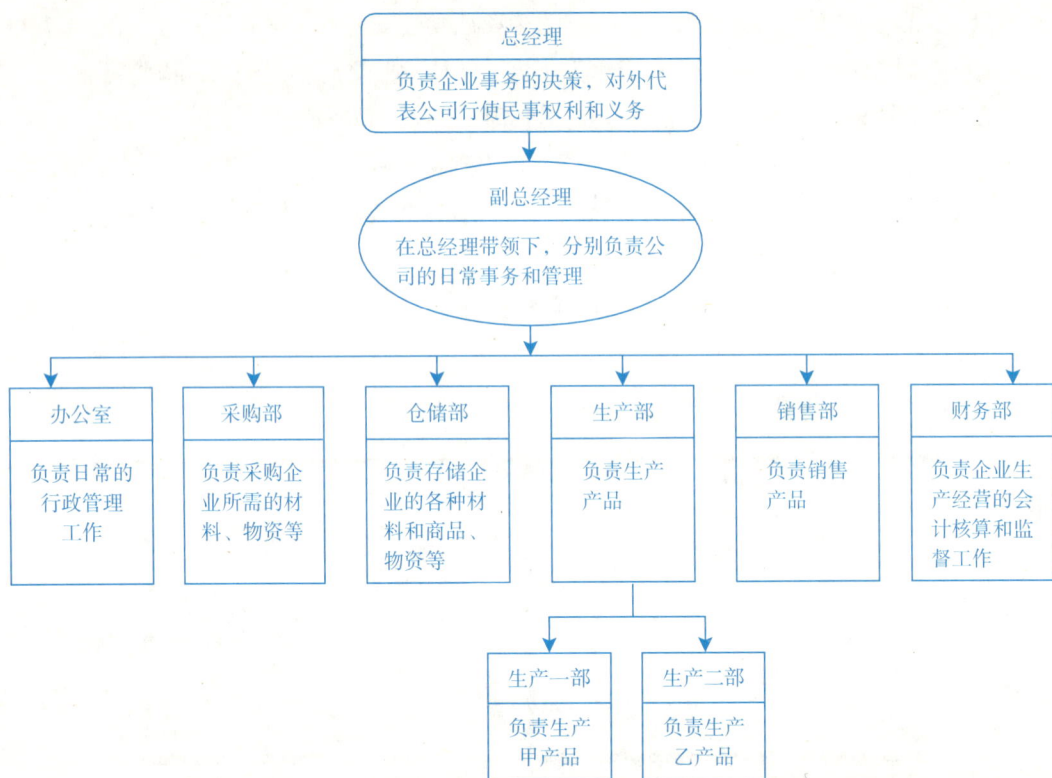

图 1-1-2　企业的组织结构

（三）工业（制造）企业的经济活动

会计主要是核算各单位的经济活动，为了学好会计，下面我们来了解最具代表性的工业（制造）企业的经济活动。

工业（制造）企业的经济活动包括资金的筹集、资金的运用（供、产、销三个环节）、资金的退出三个部分。

1. 资金的筹集

企业从事经营活动必须要有一定数量的资金。企业的资金可以通过接受投资或借入两种方式从投资者或债权人处取得，这些资金主要是货币资金，也可以是实物形态的资产。

2. 资金的运用（供、产、销三个环节）

有了资金，就可以建造厂房、购买生产产品所需要的材料，发生采购费用，形成采购成本；在生产过程中，要耗用材料，支付人工工资，发生房屋、设备等固定资产的折旧费，水电费，物料的消耗等，产品完工即可入库；在销售过程中，会发生销售费用及税金、回收货款等活动。

3. 资金的退出

资金的退出即缴纳税金、向投资者分配利润、偿还债务等。

企业的经济活动如图 1-1-3 所示。

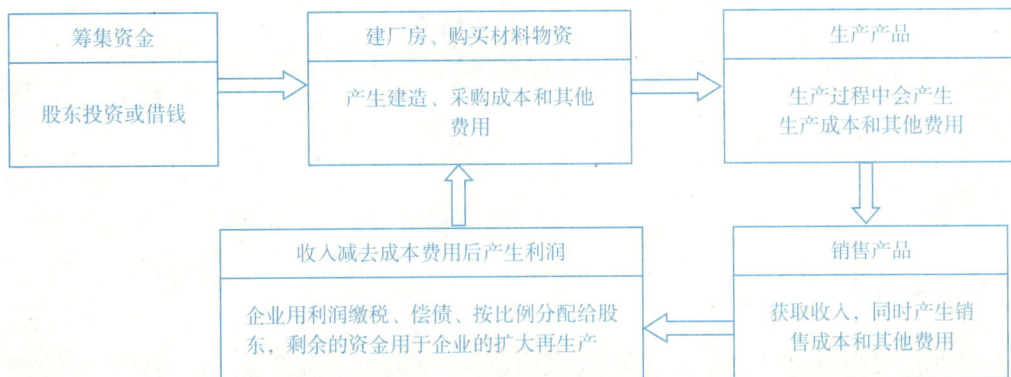

图 1-1-3 工业（制造）企业的经济活动

由图 1-1-3 可看出，企业的生产经营活动实际上是一个周而复始的循环过程。

任务实施

（1）要求学生去了解一家企业并做介绍。

（2）结合案例引导学生思考企业的经济活动。

（3）分析企业的经济活动，为后续学习奠定基础。

想一想

（1）企业与其他单位的经济活动有什么不同？

（2）是否所有的公司都是企业？

（3）是否所有的企业都是公司？

小链接

企业对财务会计人才的需求情况

据中国财会网显示，财会人才的市场需求量仅次于对营销人才的需求，居第二位。国家工商总局最新发布的一项统计表明，截至 2008 年上半年，全国私营企业已达到 300 万户，同比增长 20%，增加近 35 万户。按此增长速度分析，全国私营企业每年至少增加了 30 万户，按每个企业配置 1~2 名会计人员计算，每年需要增加 40 多万名会计从业人员。由此可见，财务人才的就业前景较为乐观。

企业对财务会计专业人才的岗位需求是我们确定专业方向的重要依据。调查资料显示，企业特别是中小型企业主要提供会计核算、财务分析、财务管理三类岗位，它们所占的比例分别为 38%、20%、42%。

项目二 会计人员的工作内容

任务一 会计人员都做些什么

任务描述

企业以盈利为目的，很多人都想知道企业的经营信息，如企业的钱从哪儿来、生产了多少产品、都卖出去了吗、赚钱了没有、有没有按时交税等，那么这些信息由谁来提供呢？

知识平台

一、会计的工作内容

会计具体都做些什么呢？其实就是核算和监督经济活动中的资金运动（即会计的两个基本职能）。

1. 核算职能

核算就是会计以货币为计量方式，用专门的方法对经济活动中的交易和事项进行确认、计量、记录和报告。

会计从价值上记录和计算各单位日常发生的经济活动，一般采用以下三种计量尺度：

（1）货币量度——是主要的计量尺度。

（2）实物量度

（3）劳动量度 } 是辅助的计量尺度。

核算首先是要对会计主体发生的交易和事项进行确认，判断它是否属于会计核算对象，然后把它用会计语言记录下来，通过计算后将相关信息向信息使用者报告。

如 A 公司用 25 万元购买了一辆小汽车，那么 A 公司的会计首先就要判断这辆小汽车是不是核算对象，如果是，就用会计语言把它记录下来，并在一定的时间向需要了解该信息的人报告，这个过程就是核算，也是会计人员最基本的工作。

小链接

各单位进行经济活动时发生的各种各样的经济业务，统称为"交易和事项"。

2. 监督职能

监督就是在核算的同时，对各单位经济活动的合法性、合理性进行规范和控制，以保证会计目标的顺利实现。各单位的经济活动必须遵守国家财经纪律和有关财务制度，还应遵守本单位的各项财务预算和规定。

会计在经济管理中还具有参与预测决策、评价考核的作用。预测决策是指利用会计所掌握的信息资料对专门的项目或经济前景进行分析和判断，并进行决策。评价考核是利用会计信息资料对各单位的经营业绩进行分析考核。

核算是会计最基础的工作，监督是核算的保证，预测决策、评价考核是扩展。

二、会计的目标

会计的目标就是及时、准确地提供经济信息，满足有关方面了解财务状况和经营成果的需要，满足经营管理、提高经济效益的需要。

会计信息的需求者很多，主要有：

（1）投资者。投资者就是将资金投入企业以期获取利润的人，即股东。他们需要通过会计信息了解企业的经营情况和发展趋势，并做出相应的决策。

（2）债权人。债权人是将资金借给企业以期获取利息的人，如银行等。他们需要通过会计信息了解企业的财务状况，进一步分析企业的偿债能力。

（3）企业管理者。企业管理者主要是指公司董事会、监事会、总经理及相关部门。他们需要通过会计资料分析生产经营过程、预测经济前景、改善经营管理、提高经济效益。

（4）宏观经济管理部门。宏观经济管理部门是指财政、税务、审计、统计、证券监管等部门，他们需要了解企业的财务状况，以便进行宏观调控和决策。

任务实施

（1）讨论会计核算和监督工作的内容和目标。

（2）还有哪些人需要使用会计信息？

任务二 会计人员在哪儿工作

任务描述

要完成这些核算和监督工作，需要多少人？这些人员之间是什么关系？他们在哪儿工作？

知识平台

知道了会计工作的内容和目标后，我们一起来看看会计人员是怎样在会计机构中工作的。

一、会计机构

会计机构就是各单位办理会计事务的职能部门。

（一）会计机构的设置

各单位因规模不一样，业务量大小不一样，对会计机构设置的要求也不一样。目前主要有三种：

（1）大中型企事业单位，因业务繁多，应单独设置会计机构，并配备会计机构负责人和必要的会计人员。

（2）规模小、业务量少的单位，可以只在相关机构中设置会计人员，并指定一个会计主管人员行使会计机构负责人的职责。

（3）不具备设置会计机构和会计人员的单位，可以委托具备条件的机构代理记账。

（二）会计岗位的设置

以企业为例，可以设置的会计岗位有：会计机构负责人或会计主管人员、出纳、稽核、资本基金核算、财产物资核算、收入支出核算、债权债务核算、工资核算、成本费用核算、财务成果核算、总账报表、会计档案管理、会计电算化核算等。每个单位应根据自身管理的需要、内部控制的要求、成本效益原则来合理确定具体的岗位。

注意：这些岗位可以一人多岗，也可以一岗多人，但必须符合内部控制制度的要求，做到不相容职务相分离。

小链接

出纳人员不得兼任会计档案的保管及收入、支出、费用、债权债务账目的登记工作。

想一想

华盛公司负责收入、支出核算的小田因病住院，短时间内不能工作，公司领导认为出纳小李工作认真负责，决定暂时由小李接替小田的工作。公司的做法正确吗？

二、会计人员

小萌一看，那么多岗位可以选，以后毕业了就不愁找不到工作了。其实并不是一毕业就可以担任会计人员的，就像开车需要有驾驶证一样，从事会计工作也要有相应的任职资格。

（一）会计人员的从业资格

一般的会计人员须取得会计从业资格证书才能上岗，会计机构负责人不但要取得会计从业资格证书，还应具备会计师以上专业技术资格或从事会计工作三年以上的经历。

🖊 **小链接**

会计人员的专业职务有助理会计师、会计师、高级会计师，初级和中级会计师每年进行全国统一考试，2003 年起高级会计师实行考评结合。

【小测试 1-2-1】 明辉公司聘请了会计学博士马海担任会计机构负责人，马海会计理论知识丰富，但一直未取得会计从业资格证书，请问：明辉公司的做法正确吗？

会计人员从事会计工作还应遵循会计职业道德。会计职业道德主要包括敬业爱岗、熟悉法规、依法办事、客观公正、搞好服务、保守秘密。

❓ **想一想**

大华公司拟招聘 1 名会计人员，甲先参加面试，主考人员问："1+1 等于几？"甲心想："这还用问吗？"大声回答"2"，主考示意他可以出去了。乙第二个面试，还是同样的题目，乙心想："肯定不是 2 那么简单。"就回答"3"，主考同样让乙离开。轮到丙了，还是同样的题目，丙怎么回答呢？他神秘地轻声说道"你说等于几我就让它等于几"。你怎么看待这三位应试人员？

（二）会计人员的职责和权限

会计人员应做好会计基础工作，如实反映情况；维护财经纪律、执行相关政策；参与经营管理，提高经济效益。会计人员有权要求本单位有关部门和人员遵守财经纪律和财务会计制度；有权参与编制本单位的财务计划；有权监督检查本单位的财务收支和财产保管的情况。

🧮 **任务实施**

（1）讨论小企业的会计岗位设置。

（2）分组扮演各会计岗位人员，查阅资料，初步了解会计的工作。

任务三　会计人员要掌握的基础理论

任务描述

　　会计人员进行核算和监督，提供各种信息。信息使用者那么多，如何才能满足大家的需要呢？这就需要掌握一些会计核算的基础理论。

知识平台

一、会计核算的基本假设

　　会计核算的是经济活动，但经济活动的环境是不断变化的，为了顺利地开展会计工作，就要对核算的空间、时间等做一些人为的规定，这些人为的规定就是会计假设，也是会计核算的基本前提。也就是说，会计核算工作必须在这些假设的基础上才能完成。

　　会计核算的基本假设有四个：会计主体、持续经营、会计分期、货币计量。

　　（一）会计主体

　　会计主体是指会计所要服务的特定单位或经济实体。

　　这一假设明确了会计工作的空间范围和核算对象，在进行核算和监督时，既不能同其他主体相混淆，也不能同会计主体的所有者相混淆。如 A 公司会计核算的是该公司的经济活动所引起的交易和事项，不核算其他会计主体的经济活动，也不核算 A 公司投资人的经济活动。

　　会计主体和法律主体是两个不同的概念，法律主体及法人是指在政府部门注册登记、有独立的财产且能够承担民事责任的法律实体，一般来说，法律主体必然是一个会计主体，而会计主体却不一定是一个法律主体。

想一想

　　（1）企业下属的独立核算的分厂是法律主体吗？是会计主体吗？

　　（2）合伙企业是法律主体吗？是会计主体吗？

　　（3）你还能举出哪些法律主体和会计主体不对等的情况？

　　（二）持续经营

　　持续经营就是指会计主体的经营活动在可以预见的将来能够连续不断地进行下去，不考虑面临破产清算、停业等情况，它明确了会计核算的时间范围。

　　为什么要做这样的假设呢？就好比一个 60 岁的老人问你他是买房划算还是租房划算，你能明确回答他吗？不能，因为你不知道他还能活多久。企业也是一样，有了持续经营假设，就为会计核算中资产的计价、费用的分配提供了依据。有了持续经营假设，我们在买机器设备时把机器设备作为资产而不是费用，才能计提折旧。

（三）会计分期

会计分期就是指把连续不断的生产经营过程人为地划分为若干首尾相连、间距相等的期间。这样做主要是为了信息使用者及时掌握信息，进行经济预测与决策。有了会计期间的划分，才会有本期与非本期的区别。会计期间通常分为两种，如表1-2-1所示。

表1-2-1 会计期间的种类

年度	会计年度	起讫日期均按公历制日期确定
半年度、季度、月度	会计中期	

（四）货币计量

货币计量是指在会计核算过程中，主要以货币为计量单位。这一假设认为货币是最好的计量单位，并假定货币的币值是稳定的。

在我国，企业的会计核算以人民币为记账本位币。对于业务收支以某种外币为主的企业，向国内编制的会计报告应当折算为人民币反映。

想一想

一家在国内经营的美国独资公司的业务收支主要以美元为主，请问该公司可以选用美元为记账本位币吗？

二、会计核算的基础

（一）会计核算应当以权责发生制为基础进行确认、计量和报告

权责发生制也称"应收应付制"，主要包括以下两层含义：

（1）凡不是在本期取得收款权利的款项，即使在本期收到，也不能作为本期的收入；反之，只要在本期取得了收款的权利，无论是否收到，均作为本期的收入。

想一想

甲企业2014年9月收到一笔乙企业预付的货款20万元，但甲企业尚未将产品售出，而是在10月才将产品发出，请问：按权责发生制这20万元是几月的收入？

（2）凡不应由本期承担的费用，即使款项已在本期支付，也不应作为本期的费用；反之，应由本期承担的费用，即使款项未在本期支付，也应作为本期的费用。

想一想

企业 2014 年 12 月预付 2015 年的房租 12000 元，请问：这 12000 元是哪个会计期间的费用？

（二）对会计要素的计量一般采用历史成本

历史成本又称实际成本，就是在取得财产物资时所实际支付的价款。如企业 9 月 10 日购买了 1000 千克的材料，单价是 10 元/千克，则该材料的历史成本为 10000 元。

三、会计信息的质量要求

会计工作的目标是提供会计信息，因此会计信息的质量非常重要。《企业会计准则——基本准则》对会计信息质量做了以下要求：

（一）可靠性

可靠性是对会计信息最基本的要求，就是以实际发生的交易或事项为依据来进行相关处理，一句话就是"不做假账"。

（二）相关性

相关性就是指提供的信息应符合各信息使用者的需要，即有利用价值。

（三）可理解性

可理解性即信息应当清晰明了，便于理解和应用。

（四）可比性

可比性要求会计信息具有可比性，包括两层含义：一是不同企业，同类或类似的交易事项应采用规定的会计政策，以确保口径一致，相互可比。二是同一企业在不同时期发生的同类或类似事项，应采用一致的会计政策，不得随意变更，需变更的应在附注中说明，以使信息前后可比。

（五）实质重于形式

实质重于形式要求企业在会计核算中，应按交易、事项的经济实质进行核算而不能机械地以法律形式为依据。

（六）重要性

重要性要求企业提供的信息应当反映所有重要的交易、事项，重要性不同，会计核算也会有所不同。

注意：重要性需要从数量和性质两个方面来判断。

（七）谨慎性

谨慎性要求企业进行会计核算时，不得高估资产或收益，也不得低估负债或费用。

（八）及时性

及时性要求企业对各项已经发生的交易或事项，应及时进行核算，不得提前或延后。

小链接

月度报表应在月度终了后 7 天内报出，季度报表应在季度终了后 15 天内报出，半年度报表应在半年度终了后 90 天内报出。年度报表应在年度终了后 4 个月内报出。

四、会计核算的方法

讲了这么多核算，小萌迫切地想知道核算究竟是怎样进行的，下面就来讲解会计核算的方法。

1. 设置会计科目和账户

设置会计科目和账户就是把会计核算对象的具体内容进行归类核算和监督的一种专门方法。

2. 复式记账

复式记账是指对每一会计事项都以相等的金额同时在两个或两个以上相互联系的账户中进行登记的专门方法。

3. 填制和审核凭证

填制和审核凭证是将已发生或完成的交易或事项记录到凭证上，会计凭证是进行会计核算的书面证明。

4. 登记账簿

登记账簿是将凭证上的记录连续、系统地登记到账簿上的专门方法。

5. 成本核算

成本核算是指计算与生产经营有关的费用，并按一定的对象进行归集和分配，以计算单位成本和总成本的一种专门方法。

6. 财产清查

财产清查是通过盘点实物、核对账目来查明各项财产物资的实有数，以保证账实相符的一种专门方法。

7. 编制财务会计报告

编制财务会计报告是将一定时期各单位的经济活动过程和结果以报表的形式进行反映的一种专门方法，财务会计报告是信息使用者了解信息的载体。

会计核算的七种方法相互联系，它们的关系如图 1-2-1 所示。

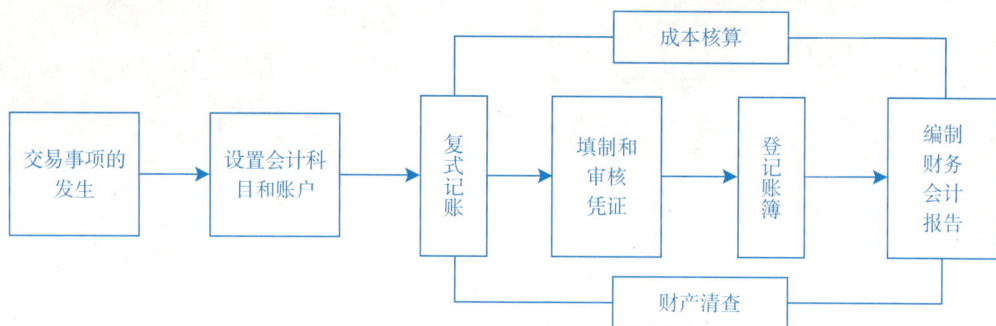

图 1-2-1 会计核算方法体系

任务实施

（1）如果没有会计假设，会计工作能得以进行吗？

（2）权责发生制对企业的核算有什么影响？

（3）熟悉会计核算的方法。

任务四 会计人员能随便做账吗

任务描述

会计人员负责向广大社会公众提供信息，那么信息的真实合法、准确完整就非常重要，会计人员不能随心所欲地做账并报账，而应该遵循相关的法律规范。接下来的任务就是熟悉这些规范。

知识平台

会计法律规范体系是指国家为管理会计工作而颁布的法律、规章、制度等文件的总称，包括会计法律、会计行政法规、国家统一的会计制度和地方性会计法规。具体内容如下：

一、会计法律

会计法律，即《中华人民共和国会计法》（以下简称《会计法》）。《会计法》于1985年1月21日第一次颁布并实施，1993年12月第一次修正，1999年10月再次修正，从2000年7月起实施，是会计法律制度中层次最高的法律规范，是制定其他会计法规的依据。

二、会计行政法规

会计行政法规是指由国务院制定发布，或者国务院有关部门拟订经国务院批准发布，调整经济生活中某些方面会计关系的法律规范。如国务院发布的《企业财务会计报告条例》、《总会计师条例》等，其法律效力仅次于《会计法》。

三、国家统一的会计制度

国家统一的会计制度是指国务院财政部门根据《会计法》制定的关于会计核算、会计监督、会计机构和会计人员以及会计工作管理的制度，包括会计规章和会计规范性文件。

会计规章包括由国务院财政部制定发布的《财政部门实施会计监督办法》、《会计从业资格管理办法》、《代理记账管理办法》等。

会计规范性文件包括由国务院财政部门制定发布的《企业会计准则》、《小企业会计准则》、《会计基础工作规范》以及财政部与国家档案局联合发布的《会计档案管理办法》等。

四、地方性会计法规

地方性会计法规是指省、自治区、直辖市人民代表大会及其常委会在与会计法律、会计行政法规不相抵触的前提下，制定的仅在本行政辖区内有法律效力的规范性文件。

✎ 小链接

我国会计工作的主管部门是财政部门，国务院财政部主管全国的会计工作，县级以上地方各级人民政府的财政管理部门管理本行政区域内的会计工作。

会计法律体系如图 1-2-2 所示。

🧮 任务实施

熟悉会计法律规范体系，为做一名合格的会计打好基础。

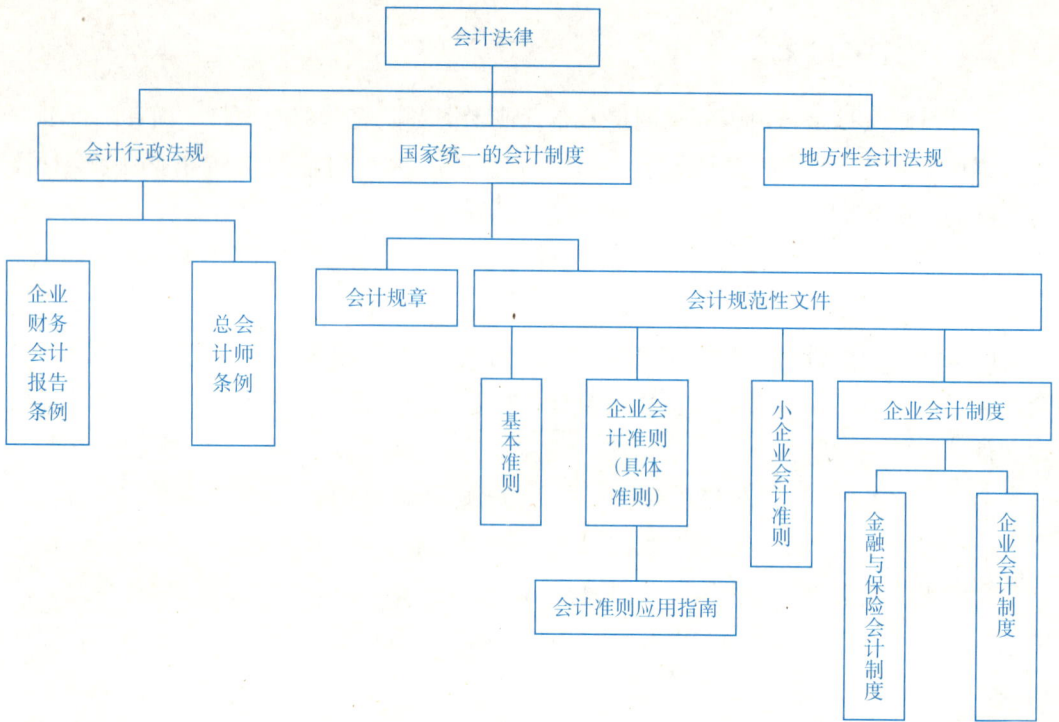

图 1-2-2　会计法律体系

模块二　会计家族

　　通过宏达公司财务人员的介绍，小萌知道了社会经济活动、企业和会计的基本常识，对会计的兴趣越发浓厚了。之前从未接触过会计知识的小萌对财务人员每天整理的各种票据感到一头雾水，负责财务工作的王会计建议小萌从最基础的会计理论知识开始学习。王会计告诉小萌要进行会计核算，首先就要认识会计的六大家族和理清它们之间的关系，同时知道如何来记录它们的变化。那六大家族是什么，它们之间有什么关系，我们该如何来记录呢？

学习目标

知识目标

（1）理解六大会计要素的概念、特征及分类。

（2）掌握会计等式的基本原理及变化形式。

技能目标

（1）能将不同的经济内容归属于相应的会计要素。

（2）能熟练判断交易事项变化的类型及其对会计等式的影响。

项目一　六大家族

任务一　认识族员

任务描述

要学会怎么进行会计记账，首先需要认识六大家族的族员，并能很好地区分每个族员属于哪个家族。

知识平台

会计具体的核算内容共有六大家族，在会计专业术语上称为会计的六大要素。

会计要素是对会计对象按其经济特征进行的基本分类，是会计核算对象的具体化，是用于反映会计主体财务状况和经营成果的基本单位，这也是会计对外提供信息中会计报表的六个组成部分。

一、资产

（一）资产的概念

资产是指由企业过去的交易或者事项形成的，由企业拥有或者控制的，预期会给企业带来经济利益的资源。

（二）资产的特征

（1）资产是由企业过去的交易或者事项形成的。

（2）资产是企业拥有或者控制的资源。

（3）该资源预期会给企业带来经济利益。

想一想

判断下列项目是否属于企业的资产：

（1）企业库房存放的代管的其他单位的商品物资。

（2）企业临时租入的机器设备。

（3）企业准备进行一项房地产投资。

（4）企业准备购买国债50万元。

（5）库存的腐烂变质的商品。

（三）资产的分类

资产按其流动性分为流动资产和非流动资产。

1. 流动资产

流动资产是指可以在一年内或者超过一年的一个正常营业周期内变现、出售或者耗用，或者主要为交易目的而持有的资产。主要包括库存现金、银行存款、交易性金融资产、其他货币资金、应收账款、应收票据、预付账款、应收利息、应收股利、其他应收款、存货等。

库存现金是指存放在企业内部保险柜由出纳人员保管的现钞。

银行存款是指企业存放在银行或者其他金融机构的各种款项。

交易性金融资产主要是指企业为了近期出售而持有的金融资产，例如企业以赚取差价为目的从二级市场购入的股票、债券、基金等。

其他货币资金是指企业除库存现金、银行存款以外的其他各种货币资金，主要包括银行汇票存款、银行本票存款、信用卡存款、存出投资款和外埠存款等。

应收账款是指企业因销售商品、提供劳务应收未收的款项。

应收票据是指企业因销售商品、提供劳务收到的商业汇票。包括银行承兑汇票和商业承兑汇票。

预付账款是指企业按照合同规定预付的款项。

应收股利是指因股权投资而应收取的现金股利以及应收其他单位的利润。

应收利息是指实际支付的价款中包含的已到付息期但尚未领取的债券利息。

其他应收款是指企业除应收账款、应收票据、预付账款之外的各种款项。例如，企业预支给职工的差旅费，为职工垫付的款项，应向保险公司收取的赔款等。

存货是指企业在日常活动中持有以备出售的产品或商品、处在生产过程中的在产品、在生产过程或提供劳务过程中耗用的材料或物料，包括原材料、燃料、周转材料（包装物、低值易耗品）、半成品、库存商品等。

2. 非流动资产

非流动资产是指流动资产以外的资产，主要包括持有至到期投资、长期股权投资、工程物资、在建工程、固定资产、无形资产、长期待摊费用等。

固定资产是指企业为生产产品、提供劳务、出租或经营管理而持有的、使用寿命超过一个会计年度的有形资产，包括房屋建筑物、机器设备、运输工具等。

无形资产是指企业拥有或者控制的没有实物形态的可辨认的非货币性资产，主要包括专利权、非专利技术、商标权、著作权、土地使用权等。

长期待摊费用是指企业已经发生但应由本期和以后各期负担的分摊期限在 1 年以上的各项费用，如租入固定资产的改良支出及摊销期限在 1 年以上的费用等。

想一想

请根据图2-1-1和图2-1-2思考一下，如果让你选择一种带走，你会选什么？哪一种流动性更强？

图2-1-1 企业流动资产

图2-1-2 企业非流动资产

二、负债

小萌打开财务部的文件柜，看到一些与银行签订的贷款合同和与供应商签订的购货合同，小萌知道向银行借款和购买材料而未付的款项等是宏达公司欠银行和供货商的钱，那么这些钱在会计上是什么，有什么样的特征呢？

（一）负债的概念

负债是由企业过去的交易或者事项形成的，预期会导致经济利益流出企业的现时义务。

（二）负债的特征

（1）负债是由企业过去的交易或者事项产生的。

（2）负债是企业承担的现时义务。

（3）负债会导致经济利益流出企业。

（三）负债的分类

负债按流动性可以分为流动负债和非流动负债。

1. 流动负债

流动负债是指企业将在1年或者超过1年的一个正常营业周期内清偿，或者主要为交易目的而持有的债务，主要包括短期借款、应付账款、应付票据、预收账款、应付职工薪酬、应付股利、应付利息、应交税费、其他应付款等。

短期借款是指企业向银行或者其他金融机构借入的、偿还期限在1年以内（含1年）的各种借款。

应付账款是指企业因购买材料、商品或接受劳务供应等经营活动应支付的款项。

应付票据是指企业因购买材料、商品或接受劳务供应等开出、承兑的商业汇票，包括商业承兑汇票和银行承兑汇票。

预收账款是企业按照合同规定向购货方预收的款项。

应付职工薪酬是指企业根据有关规定应付给职工的各种薪酬。本科目可按"工资"、"职工福利"、"社会保险费"、"住房公积金"、"工会经费"、"职工教育经费"、"非货币性福利"、"辞退福利"等进行明细核算。

应付股利是指企业根据股东大会或类似机构审议批准的利润分配方案确定分配给投资者的现金股利或利润。

应付利息是指企业按照合同约定应支付的利息。

应交税费是指企业按照税法等规定计算应交未交的各种税费。主要包括增值税、消费税、营业税、城市维护建设税、资源税、所得税、土地增值税、房产税、车船税、土地使用税、教育费附加等。

其他应付款是指企业除应付账款、应付票据、预收账款、应付职工薪酬、应交税费、应付股利等经营活动以外的其他各种应付、暂收的款项，如应付租入包装物租金、存入保证金等。

2. 非流动负债

非流动负债是指流动负债以外的负债，主要包括长期借款、应付债券、长期应付款等。

长期借款是指企业向银行或者其他金融机构借入的期限在 1 年以上（不含 1 年）的各种借款。

应付债券是指企业为筹集（长期）资金而发行的债券。

长期应付款是指企业除长期借款和应付债券以外的其他各种长期应付款项，包括应付融资租入固定资产的租赁费、以分期付款方式购入固定资产发生的应付款项等。

三、所有者权益

小萌看到公司的营业执照，营业执照上注明"注册资本人民币壹佰万元"。小萌不知道注册资本是什么意思，于是小萌便问公司的王会计。王会计告诉小萌，注册资本是企业拥有的自有资金，是所有者权益的一项内容。所有者权益家族有哪些成员呢？

（一）所有者权益的概念

所有者权益是指企业全部资产扣除全部负债后，由所有者享有的剩余权益。公司的所有者权益又称股东权益或者净资产。

（二）所有者权益的特征

（1）除非发生减资、清算，企业不需要偿还所有者权益。

（2）所有者权益是投资者享有的剩余权益，即所有者权益置于债权人之后，在企业清算时，企业的剩余财产在清偿所有负债后才返还给投资者。

（3）所有者凭借所有者权益能够参与利润分配。

（三）所有者权益的内容

所有者权益包括实收资本（股本）、资本公积和留存收益（包括盈余公积和未分配利润）。

实收资本是指投资者按照企业章程或合同、协议的约定，实际投入企业的资本，它是企业注册登记的法定资本总额的来源，它表明所有者对企业的基本产权关系。

资本公积是指由股东投入，但不能构成"股本"或"实收资本"的资金部分，主要包括股本溢价、投入资本汇兑损益等。

为了防范企业风险和增强企业自身的发展后劲，宏达公司在经营过程中实现的利润并不全部分配给各位投资者，而是保留一部分在企业内部，因此就形成企业的留存收益。包括企业的盈余公积和未分配利润两部分，其中盈余公积是有特定用途的累积盈余，未分配利润是没有指定用途的累积盈余。

小链接

根据《公司法》等有关法规的规定：公司制企业的法定公积金按照税后利润的10%提取（非公司制企业也可以按照超过10%的比例提取），在计算提取法定盈余公积的基数时，不应包括企业年初未分配利润。公司法定盈余公积累计额为公司注册资本的50%以上时，可以不再提取法定公积金。

公司从税后利润中提取法定公积金后，经股东会或者股东大会决议，还可以从税后利润中提取任意公积金。

想一想

负债和所有者权益这两大要素的区别和联系有哪些？

四、收入

企业生产产品就是为了销售，只有将产品销售出去，企业才能赚钱。

（一）收入的概念

收入是企业在日常活动中形成的、会导致所有者权益增加的、与所有者投入资本无关的经济利益的总流入。

（二）收入的特征

（1）收入是企业日常活动形成的经济利益的总流入。日常活动是指企业为完成其经营目标所从事的经常性活动以及与之相关的活动。

小链接

非日常活动形成的、会导致所有者权益增加的、与所有者投入资本无关的经济利益的流入称为利得。利得分别计入营业外收入或资本公积中，计入营业外收入的利得主要有非流动资产处置利得、非货币性资产交换利得、债务重组利得、政府补助、盘盈利得、捐赠利得等。

（2）收入必然导致所有者权益的增加。收入通常表现为资产的增加，有时也表现为负债的减少，收入无论表现为资产的增加还是负债的减少，最终必然导致所有者权益的增加。

（3）收入是与所有者投入资本无关的经济利益的总流入。

（三）收入的分类

收入按照不同的标准有不同的分类，具体如下：

（1）按照经济性质进行分类。可分为销售商品收入、提供劳务收入、让渡资产使用权收入。

（2）按照业务主次进行分类。可分为主营业务收入、其他业务收入。

想一想

下面可以确认为收入的是（　　）。

A. 甲公司销售产品取得 50000 元

B. 出售设备取得 3000 元

C. 销售产品时所收取的增值税 10000 元

五、费用

小萌在工作中发现，宏达公司在生产经营过程中，会发生直接和间接的开支，这些开支都是为企业正常的经营活动而发生的，小萌认为这些开支有共同的特点，在会计上应该归为一类，但不知道应归为哪个家族。

（一）费用的概念

费用是指企业在日常活动中发生的、会导致所有者权益减少的、与向所有者分配利润无关的经济利益的总流出。

（二）费用的特征

（1）费用是企业日常活动中发生的经济利益的总流出。

小链接

企业非日常活动所发生的、会导致所有者权益减少的、与向所有者分配利润无关的经济利益的流出称为损失。损失应分别计入营业外支出或资本公积，计入营业外支出的损失主要有非流动资产处置损失、非货币性资产交换损失、债务重组损失、公益性捐赠支出、非常损失、盘亏损失等。

（2）费用必然导致所有者权益的减少。费用通常表现为资产的减少，有时也表现为负债的增加，费用无论表现为资产的减少还是负债的增加，最终必然导致所有者权益的减少。

（3）费用是与向所有者分配利润无关的经济利益的总流出。

（三）费用的分类

费用按照其是否直接计入产品成本可以划分为计入产品成本的费用和期间费用。

（1）计入产品成本的费用分为直接费用和间接费用。直接费用包括直接材料费用、直接人工费用等。间接费用为制造费用。

（2）期间费用是指企业发生的、不符合或者不再符合资产确认条件的支出，它们应当在发生时确认为费用，计入当期损益，包括管理费用、销售费用和财务费用。管理费用是指企业行政管理部门发生的各种费用；销售费用是指企业销售部门发生的各种费用；财务费用是指企业为筹集生产经营所需资金而发生的费用。

费用的分类如图 2-1-3 所示。

图 2-1-3　费用的分类

六、利润

月底，王会计交给小萌一个任务，让小萌试着把企业这个月所赚到的钱计算出来。那么，我们在日常生活中所说的赚钱，在会计上应该列为什么呢？

（一）利润的概念

利润是指企业一定会计期间的经营成果。利润包括收入减去费用后的净额、直接计入当期利润的利得和损失。

（二）利润的分类

利润按形成过程不同，分为营业利润、利润总额和净利润。

任务实施

练习会计要素的分类。请把以下各项目归类到不同的会计要素中：

库存现金、周转材料、其他应付款、其他业务收入、资本公积、其他货币资金、应付账款、管理费用、长期股权投资、长期应付款、应收票据、预收账款、预付账款、应收利息、生产成本、实收资本、应收股利、销售费用、其他应收款、库存商品、原材料、固定资产、银行存款、短期借款、应付票据、应付职工薪酬、应付股利、长期借款、应付债券、盈余公积、应交税费、未分配利润、主营业务收入、无形资产、制造费用、应收账款、应付利息、财务费用

1. 资产要素

2. 负债要素

3. 所有者权益要素

4. 收入要素

5. 费用要素

任务描述

认识了会计六大家族的族员后，小萌开始好奇六大家族之间是否存在一定的关联关系，所以她决定向王会计请教。王会计给了小萌资产负债表和负债表，让小萌试着去发现六大家族间的关系。

知识平台

一、财务三家族的关系

小萌拿到王会计给的企业资产负债表，如表 2-1-1 所示，仔细看后，发现资产负债表中主要包括资产、负债和所有者权益三个家族的成员，左方列示的是资产各项目，反映全部资产项目的金额。按其流动性分类分项列示，分别为流动资产和非流动资产。右方列示的是负债及所有者权益各项目，反映负债及所有者权益各项目的金额。负债也按流动性大小进行列示，具体分为流动负债、非流动负债等；所有者权益则按实收资本、资本公积、盈余公积、未分配利润等项目分项列示。

表 2-1-1　资产负债表　　　　　　　会企 01 表

编制单位：　　　　　　　　　　年　月　日　　　　　　　　单位：元

资产	年初数	期末数	负债和所有者权益 （股东权益）	年初数	期末数
流动资产：			流动负债：		
货币资金			短期借款		
交易性金融资产			交易性金融负债		
应收票据			应付票据		
应收账款			应付账款		
预付款项			预收款项		
应收股利			应付职工薪酬		
应收利息			应交税费		
其他应收款			应付利息		
存货			应付股利		
一年内到期的非流动资产			其他应付款		
其他流动资产			一年内到期的非流动负债		
流动资产合计			其他流动负债		
非流动资产：			流动负债合计		
可供出售的金融资产			非流动负债：		
持有至到期投资			长期借款		
长期应收款			应付债券		

续表

资产	年初数	期末数	负债和所有者权益（股东权益）	年初数	期末数
长期股权投资			长期应付款		
投资性房地产			专项应付款		
固定资产			预计负债		
在建工程			递延所得税负债		
工程物资			其他非流动负债		
固定资产清理			非流动负债合计		
无形资产			负债合计		
开发支出			所有者权益（或股东权益）：		
商誉			实收资本（或股本）		
长期待摊费用			资本公积		
递延所得税资产			盈余公积		
其他非流动资产			未分配利润		
非流动资产合计			所有者权益（或股东权益）合计		
资产总计			负债和所有者权益（或股东权益）总计		

接着王会计告诉她，企业的资产负债表包含着反映财务状况的三个静态要素：资产、负债和所有者权益。在实际经营活动中，企业的资金是从资产负债表的右边跑到左边的，首先来看资产负债表的右边，它是企业经营所需资金的来源，主要是通过借入和所有者投入。资金从资产负债表的右边移到了左边，那去了哪里呢？企业筹集到的资金主要用于建造各项资产，也就是资金的占用了。"哦，我明白了，那就是说资产负债表中左边的资产是等于右边的负债和所有者权益之和了！"小萌说道。

宏达公司创建时拥有 300 万元的资产，它来源于投资者投入 100 万元，向银行借款 200 万元。投资者投入的 100 万元，形成所有者权益，向银行（债权人）借入的资金 200 万元，形成企业的负债。资产和负债、所有者权益是资金这个同一体的两个方面，资产（资金占用）来源于权益（包括所有者权益和债权人权益），因而客观上存在必然相等的关系。

这一平衡公式用公式表示为：

资产（300 万元）＝权益（300 万元）

即：资产 ＝ 负债 ＋ 所有者权益（静态等式）

二、经营成果三家族的关系

接着，小萌又仔细查看了王会计给她的利润表，如表 2-1-2 所示。

表 2-1-2　利润表　　　　　　　　　　会企 02 表

编制单位：　　　　　　　　　　　　年　月　日　　　　　　　　　　单位：元

项　目	本期金额	上期金额
一、营业收入		
减：营业成本		
营业税金及附加		
销售费用		
管理费用		
财务费用		
资产减值损失		
加：公允价值变动收益（损失以"-"号填列）		
投资收益（损失以"-"号填列）		
其中：对联营企业和合营企业的投资收益		
二、营业利润（亏损以"-"号填列）		
加：营业外收入		
减：营业外支出		
其中：非流动资产处置损失		
三、利润总额（亏损总额以"-"号填列）		
减：所得税费用		
四、净利润（净亏损以"-"号填列）		

王会计接着告诉小萌，随着企业经济活动的发生，企业的资金又从资产负债表的左边跑到了利润表中的成本和费用中，递减收入后得到利润，剔除所得税费用后变成净利润，也就是企业赚的钱，提取一部分钱仍然留在企业继续经营，让企业发展壮大，于是资金就从利润表跑到了资产负债表的右下方，成为所有者权益的一部分，即相当于所有者又投入了资金。小萌惊讶地说："那么，整个资产负债表和利润表就是钱在跑来跑去？整个企业就是钱在跑来跑去？那么报表上的会计科目就都是钱啦。我知道它们都是钱的名字，钱一天到晚跑来跑去，而且变来变去，在不同的地方有不同的形式，自然在不同的地方有不同的名字，企业就产生了收入、费用和利润。"

小萌明白了反映企业经营成果的三家族收入、费用和利润的关系：

收入 - 费用 = 利润（动态等式）

该等式也是编制利润表的基础。

三、六大家族间的关系

收入必然导致所有者权益的增加，费用必然导致所有者权益的减少，因此，上述两个平衡公式相互之间存在着有机的联系。在会计期间的任一时刻，两个公式可以合并为：

资产 = 负债 + 所有者权益 +（收入 - 费用）

企业在结算时，利润经过分配，上述平衡公式又表现为：

资产 = 权益（债权人权益 + 所有者权益）

由于"资产 = 权益（负债 + 所有者权益）"这个平衡公式反映了会计要素在数量上的关系，它是设置账户和编制财务会计报表的理论依据。

四、经济业务发生会影响六大家族的关系吗

企业在生产经营过程中要发生各种各样的交易或者事项，如购进设备与材料、向银行借款、生产产品、出售产品和回收货款等。企业每发生一笔经济业务，都会对会计要素产生一定的影响。一项会计要素发生增减变动，其他有关要素也可能随之发生等额变动，或者在同一会计要素中某一具体项目发生增减变动，其他有关项目也会随之等额变动，是否会对会计等式造成影响呢？小萌决定用宏达公司2014年6月发生的部分交易事项和业务好好验证一下！

宏达公司2014年6月1日的资产和权益总额如下：

资产 = 权益（负债总额200000 + 所有者权益总额400000）= 600000（元）　　　　（1）

2014年6月，宏达公司发生如下经济业务：

【例2-1-1】 2014年6月3日，宏达公司向甲企业购入原材料一批，价值20000元，货款暂欠。

该笔经济业务的发生，使资产方"存货（原材料）"增加20000元，同时使权益方"应付账款"增加20000元，结果双方总额增加，但仍保持相等。即：

资产 = 权益 = 600000（元）（原等式）

资产 + 20000 = 权益 + 20000 = 600000 + 20000 = 620000（元）　　　　（2）

其总额从原来的600000元变为620000元，但会计等式两边仍保持相等。

【例2-1-2】 2014年6月10日，宏达公司以银行存款偿还短期借款30000元。

该笔经济业务的发生，使资产方"银行存款"减少30000元，同时使权益方"短期借款"减少30000元，结果双方总额减少，但仍保持相等。即：

资产 = 权益 = 620000（元）

资产 - 30000 = 权益 - 30000 = 590000（元）　　　　（3）

其总额由原来的620000元变为590000元，但会计等式两边仍保持相等。

【例2-1-3】 2014年6月15日，宏达公司从银行提取现金500元备用。

该笔经济业务的发生，使资产方"库存现金"增加500元，同时使资产方"银行存款"减少500元，结果总额不变，仍保持相等。即：

资产 = 权益 = 590000（元）

资产 + 500 - 500 = 权益 = 590000（元）　　　　（4）

经济业务只涉及等式一边，其总额不变，即还是原来的590000元。

【例2-1-4】 2014年6月20日，原来的一笔长期借款100000元转作投入资本。

该笔经济业务的发生，使权益方（所有者权益）的"实收资本"增加100000元，同时使权益方（负债）的"长期借款"减少100000元，结果总额不变，仍保持相等。即：

资产 = 权益 = 590000（元）

资产 = 权益 – 100000 + 100000 = 590000（元） （5）

经济业务只涉及等式一边，其总额不变，即还是原来的590000元。

通过验证，小萌清楚了企业发生的任何一笔经济业务，无论会计要素发生了怎样的增减变动，都不会破坏会计等式中各要素的平衡关系，其资产总额总是与权益总额相等。即资产 = 权益（负债 + 所有者权益）的等式关系永远不会被破坏。即使总额有所变化，也只是使等式从旧的平衡达到了新的平衡。

归纳起来，经济业务的发生所引起等式两边会计要素的变动方式有以下四种类型：

（1）资产与权益同时增加相等的金额，等式两边总额增加，等式仍保持平衡，如【例2-1-1】。

（2）资产与权益同时减少相等的金额，等式两边总额减少，等式仍保持平衡，如【例2-1-2】。

（3）资产内部有增有减，且增减金额相等，等式两边总额不变，等式仍保持平衡，如【例2-1-3】。

（4）权益内部有增有减，且增减金额相等，等式两边总额不变，等式仍保持平衡，如【例2-1-4】。

任务实施

分析以下经济业务分别属于哪种类型的经济业务，各项经济业务是否影响资金总额的变化：

（1）国家投资全新运输卡车一辆，价值50000元。

（2）购入材料一批，价值10000元，材料已验收入库，货款未付。

（3）车间领用材料5000元，投入生产。

（4）收到购货单位所欠货款3000元，存入银行。

（5）用银行存款偿付前欠供料单位货款2000元。

（6）从银行提取现金1000元备用。

（7）向银行借入流动资金50000元，存入银行。

（8）用现金预付职工张华差旅费600元。

（9）用银行存款10000元，偿还银行借款。

项目二 记录家族活动的方法

任务一 记录在哪儿

任务描述

通过学习，小萌认识了会计六大家族，知道了什么是会计要素，可是，她发现每一类会计要素中都包含了很多内容，例如，在资产中，有现钞、存货、机器设备等，在会计工作中，应怎样称呼和记录它们呢？企业的经济事项和业务会引起六大家族族员的变化，这些变化应该记录在哪里呢？

王会计告诉小萌，会计要素是编制报表时用到的项目，而在"做账"的时候用到的是会计科目和账户。现在，我们和小萌一起去学习有关会计科目和账户的知识。

知识平台

一、会计科目

（一）会计科目的含义

每一类会计要素中都包含了很多内容，为了便于各单位进行会计核算，需要给会计要素再进行细分，这样就产生了会计科目。

会计科目是把会计要素的内容分成具体的项目，再给每一项目一个名称。就像把地球上的陆地分成了七大洲，每一个洲包含了很多国家，再给每一个国家一个名字一样。

实际上，会计科目都是非常形象的。例如，在资产中，出纳保管的钱就称为"库存现金"，存在银行里的钱就称为"银行存款"；在负债中，买了东西还没付的钱就形成"应付账款"。

（二）会计科目的分类

1. 按经济内容分类

（1）资产类。该类科目主要是反映各种形式的资产。如库存现金、银行存款、原材料、库存商品、固定资产、无形资产等。

（2）负债类。该类科目主要是反映各种形式的负债。如短期借款、应付账款、应付职工薪酬、长期借款等。

（3）所有者权益类。该类科目主要反映所有者所享有的各种经济利益。如"实收资本"、"资本公积"、"盈余公积"、"本年利润"和"利润分配"等。

（4）成本类。该类科目反映产品生产过程中发生的各种直接费用和间接费用。如"生产成本"、"制造费用"等。

（5）损益类。该类科目反映生产经营过程中发生的各种收益，以及不能计入成本的各种费用。如"主营业务收入"、"其他业务收入"、"营业外收入"、"主营业务成本"、"其他业务成本"、"管理费用"等。该类会计科目包括两部分内容，如图 2-2-1 所示。

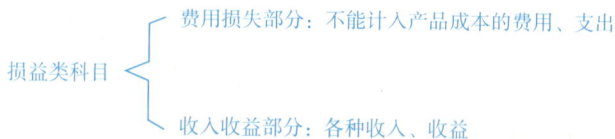

损益类科目 { 费用损失部分：不能计入产品成本的费用、支出
收入收益部分：各种收入、收益

图 2-2-1　损益类科目的组成

2. 按所反映经济内容的详细程度分类

（1）总分类科目。总分类科目也称一级科目，是对会计要素的具体内容进行总括分类的科目，提供的只是总体信息。

根据财政部 2006 年颁布的《企业会计准则》，将常用的总分类会计科目列示在表 2-2-1 中。

表 2-2-1　会计科目表

编　号	名　　称	编　号	名　　称
一、资产类		1531	长期应收款
1001	库存现金	1601	固定资产
1002	银行存款	1602	累计折旧
1101	交易性金融资产	1603	固定资产减值准备
1122	应收账款	1604	在建工程
1123	预付账款	1606	固定资产清理
1131	应收股利	1701	无形资产
1132	应收利息	1702	累计摊销
1221	其他应收款	1703	无形资产减值准备
1231	坏账准备	1901	待处理财产损溢
1401	材料采购	二、负债类	
1402	在途物资	2001	短期借款
1403	原材料	2202	应付账款
1404	材料成本差异	2203	预收账款
1405	库存商品	2211	应付职工薪酬
1411	周转材料	2221	应交税费
1471	存货跌价准备	2231	应付利息
1511	长期股权投资	2232	应付股利
1512	长期股权投资减值准备	2241	其他应付款

续表

编 号	名 称	编 号	名 称
2501	长期借款	6051	其他业务收入
三、所有者权益类		6111	投资收益
4001	实收资本	6301	营业外收入
4002	资本公积	6401	主营业务成本
4101	盈余公积	6402	其他业务成本
4103	本年利润	6403	营业税金及附加
4104	利润分配	6601	销售费用
四、成本类		6602	管理费用
5001	生产成本	6603	财务费用
5101	制造费用	6701	资产减值损失
五、损益类		6711	营业外支出
6001	主营业务收入	6801	所得税费用

注意：总分类科目原则上由国家主管部门统一规定，在不违反《企业会计准则》中确认、计量、报告的规定的前提下，各单位可自行增设、分拆、合并会计科目，以满足本单位的实际需要。

小链接

对于初学者来说，在短时间内记清楚会计科目不是一件很容易的事，下面帮助大家归纳一些小方法，以便于记忆：

很多科目名称是相对应的。①收付对应。例如，应收账款和应付账款、预收账款和预付账款、其他应收款和其他应付款等。②收支对应。例如，主营业务收入和主营业务成本、其他业务收入和其他业务成本、营业外收入和营业外支出。③长短对应。例如，短期借款和长期借款等。

有一些根据名字就可以理解其含义的科目。例如，库存现金、银行存款、应收账款、其他应收款、原材料、库存商品、无形资产、短期借款、长期借款、应付账款、预收账款、应付职工薪酬、应交税费、本年利润、生产成本、主营业务收入、主营业务成本、所得税费用，等等。

（2）明细分类科目。明细分类科目是在总分类科目下设置的能反映详细信息的科目。明细科目一般由单位根据实际业务需要来设定。

例如，宏达公司在经济活动中产生了应向光明厂和远大公司收回的货款，则科目设置如表 2-2-2 所示。

表 2-2-2　宏达公司应收账款科目的设置

	总分类科目（一级科目）	明细分类科目
	应收账款	光明厂
		远大公司
说明	必须使用国家规定的一级科目	根据单位需要设定

在书写会计科目时，一般在总分类科目和明细分类科目之间用"——"进行连接，上例应写为"应收账款——光明厂"和"应收账款——远大公司"。

上例中的会计科目共有两级，实际工作中还可以根据需要在总分类科目和明细分类科目之间设置二级科目，如表 2-2-3 所示。

表 2-2-3　原材料科目的设置

	总分类科目	二级科目	明细分类科目
	原材料	原料及主要材料	聚乙烯
			聚丙烯
		辅助材料	着色剂
			油漆
说明	使用国家规定一级科目	根据单位需要设定	根据单位需要设定

上例的科目可书写为"原材料——原料及主要材料（聚乙烯）"。

二、会计账户

（一）账户的含义

在前面的学习中，小萌知道了把会计要素细分后形成具体的会计科目，可是只从会计科目的名称，不可能了解其涉及的交易和事项具体是怎么进行的。因此要反映出每一具体会计交易和事项的变化情况，就要学习账户。

会计账户是根据会计科目来设立的，用来连续、系统、分类记录和反映会计要素增减变化及其结果的载体。

（二）账户的分类

1. 按经济内容分类

（1）资产类账户：根据资产类会计科目开设的账户。

（2）负债类账户：根据负债类会计科目开设的账户。

（3）所有者权益类账户：根据所有者权益类会计科目开设的账户。

（4）成本费用类账户：根据成本类会计科目和损益类会计科目中的费用科目开设的账户。

（5）收入类账户：根据损益类会计科目中的收入、收益科目开设的账户。

2. 按所提供指标的详细程度分类

（1）总分类账户。根据总分类科目（一级科目）开设的账户，反映的是某一会计科目的总体信息，主要采用价值指标进行核算。

（2）明细分类账户。根据明细分类科目开设的账户，反映的是总分类账户所属某一明细账户的详细信息，如图 2-2-2 所示。

原材料 { 甲材料 ⟶ 是明细分类账户，只反映甲材料的变化情况
乙材料 ⟶ 是明细分类账户，只反映乙材料的变化情况

是总分类账户，要反映材料（包括甲和乙）的总体变化情况

图 2-2-2 不同级别账户反映的信息

（三）账户的结构

1. 账户的基本结构

作为记载工具，会计账户具有基本的格式和结构。包括账户名称、日期、凭证号数、摘要、账户的方向（借或贷）、余额，如表 2-2-4 所示。

表 2-2-4 账户的基本结构

账户名称（即会计科目）

↓

库存现金

年		凭证号数	摘要	借方	贷方	借或贷	余额
月	日						

表 2-2-4 就是实际工作中会计工作人员常常用到的账页，当把某一会计科目写在空白账页上时，那么就形成了记录该会计科目变化情况的账户。

表 2-2-4 中，把"库存现金"写在了账页上，就形成了记录"库存现金"变化情况的"库存现金"账户。

2. 账户基本结构的简化形式

在使用一个账户时，常常用到它的简化形式——"T"形账，如图 2-2-3 所示。

借　　　　账户名称（会计科目）　　　　贷

图 2-2-3 "T"形账结构

"库存现金"账户基本结构的简化形式如图 2-2-4 所示。

借　　　　库存现金　　　　贷

图 2-2-4 库存现金账户基本结构的简化形式

（四）会计科目与会计账户的联系与区别

会计科目与会计账户的联系：

（1）每一个会计科目对应一个会计账户，两者都代表同一经济内容。

（2）会计科目是会计账户的名称，只是会计账户里的一项内容。

会计科目与会计账户的区别：

会计科目就是一个名称，没有结构，而会计账户有一定的结构和格式。所以会计科目和会计账户之间的关系就如同人的姓名和人之间的关系。

任务实施

（1）讨论记忆会计科目表的方法。

（2）分析会计科目和会计账户的联系和区别。

任务二　怎么记录

任务描述

小萌现在知道了会计记账的最基本工具，知道了"记录在哪儿"，但是还不清楚怎么记录，所以我们还要来学习我国现在采用的记账法，看看会计到底是如何记账的。

知识平台

一、复式记账法

（一）复式记账法的概念

宏达公司去开户银行提取现金备用。应该怎么记录呢？"复式记账法"就是对发生的每一项交易事项都以相等的金额同时在两个或两个以上相互联系的账户上进行登记的一种记账方法。在上例中，采用复式记账法就不能只记企业银行存款减少了4000元，或只记库存现金增加了4000元，而要同时记录：银行存款减少了4000元；库存现金增加了4000元。

（二）复式记账法的种类

复式记账法有借贷记账法、收付记账法和增减记账法三种。目前，我国统一使用"借贷记账法"进行记账。

二、借贷记账法

借贷记账法是指用"借"和"贷"作为记账符号，以资产和权益的平衡关系为基础，以"有借必有贷，借贷必相等"为记账规则的一种复式记账法。

（一）记账符号

"借"和"贷"两个字，用于反映交易、事项的发生引起的会计要素的增减变化，至于什么时候反映增加，什么时候反映减少，取决于账户的性质。王会计告诉小萌：账户的记账方向可以根据会计综合等式"资产＋费用＝负债＋所有者权益＋收入"来进行记忆，等式同边的账户记账方向相同，等式左右两边的账户记账方向相反。资产的增加、权益和收入的减少，计入账户的借方；资产的减少、权益的增加和成本费用的减少计入账户的贷方。"借"和"贷"只是记账的符号，本身没有任何意义。

（二）账户结构

确定账户的结构是为了分别规定借方、贷方发生额的内容和账户余额的方向，以便有规律地登记账户和结出账户的余额。

期初余额是指在期初还没开始当期业务时账户上的金额，即上期的期末余额，如月初数、年初数。

本期增加额是指由于本期业务的发生导致账户上的金额发生的增加数。

本期减少额是指由于本期业务的发生导致账户上的金额发生的减少数。

期末余额是指在本期业务全部完成后根据账户增减变动计算出的金额，即月末数、年末数。

每一个账户的期初余额、本期增加额、本期减少额、期末余额四个金额间有如下等量关系：

期末余额 = 期初余额 + 本期增加额 - 本期减少额

想一想

"期"是什么意思？一般怎样分期？

1. 资产类账户的结构

资产类账户一般按以下规定登记：

（1）资产类账户"期初余额"在"借方"，表示该账户在期初时的实际数。

（2）"借方"表示增加数，"贷方"表示减少数。

（3）资产类账户"期末余额"一般在"借方"，反映期末该账户的实际数。资产类账户的结构如图 2-2-5 所示。

借方	资产类账户		贷方
期初余额	…		
本期增加额	…	…	本期减少额
	…		
本期借方发生额	…	…	本期贷方发生额
期末余额	…		

图 2-2-5　资产类账户的结构

注：期末借方余额 = 期初借方余额 + 本期借方发生额 - 本期贷方发生额

【例 2-2-1】 宏达公司 2014 年 11 月资产类账户中的"库存现金"账户期初余额为 2000 元，本月发生如下变化：

（1）11 月 2 日，现金增加 1000 元。

（2）11 月 5 日，现金减少 500 元。

（3）11 月 10 日，现金增加 200 元。

（4）11 月 20 日，现金减少 50 元。

假定本月宏达公司无其他现金收支情况，本月"库存现金"账户在"T"形账中的登记如图 2-2-6 所示。

借方	库存现金		贷方
期初余额	2000		
本期增加额	1000	500	本期减少额
	200	50	
本期借方发生额	1200	550	本期贷方发生额
期末余额	2650		

图 2-2-6　"库存现金"账户变动情况

2. 负债类账户的结构

负债类账户一般按以下规定登记：

（1）负债类账户"期初余额"一般在"贷方"，表示该账户期初时的实际数。

（2）"贷方"表示增加数，"借方"表示减少数。

（3）负债类账户"期末余额"一般在"贷方"，反映期末该账户的实际数。负债类账户的结构如图 2-2-7 所示。

借方		负债类账户		贷方
		…	…	期初余额
本期减少额	…		…	本期增加额
		…	…	
本期借方发生额	…		…	本期贷方发生额
			…	期末余额

图 2-2-7 负债类账户的结构

注：期末贷方余额＝期初贷方余额＋本期贷方发生额－本期借方发生额

【例 2-2-2】宏达公司 2014 年 11 月负债类账户中的"应付账款"账户期初余额 30000 元，本月发生如下变化：

（1）11 月 4 日，应付账款减少 8500 元。

（2）11 月 12 日，应付账款增加 1000 元。

（3）11 月 18 日，应付账款减少 6000 元。

（4）11 月 26 日，应付账款增加 2400 元。

假定本月宏达公司无其他"应付账款"变动情况，本月"应付账款"账户在"T"形账中的登记如图 2-2-8 所示。

借方		应付账款		贷方
			30000	期初余额
本期减少额	8500		1000	本期增加额
	6000		2400	
本期借方发生额	14500		3400	本期贷方发生额
			18900	期末余额

图 2-2-8 "应付账款"账户变动情况

3. 所有者权益类账户的结构

所有者权益类账户的结构与负债类账户一致，其结构如图 2-2-9 所示。

借方	所有者权益类账户		贷方
	…	期初余额	
本期减少额	…	…	本期增加额
	…	…	
本期借方发生额	…	…	本期贷方发生额
		…	期末余额

图 2-2-9　所有者权益类账户的结构

任务实施

宏达公司 2014 年 11 月所有者权益类账户中的"实收资本"账户期初余额为 800000 元，本月发生如下变化：

（1）11 月 4 日，实收资本减少 30000 元。

（2）11 月 10 日，实收资本增加 15000 元。

（3）11 月 18 日，实收资本增加 70000 元。

假定本月宏达公司无其他"实收资本"变动情况，本月"实收资本"账户在"T"形账中应如何进行登记呢？请填列图 2-2-10 的相应空白处。

借方	实收资本		贷方
		800000 期初余额	
本期减少额	□	□	本期增加额
	□	□	
本期借方发生额	□	□	本期贷方发生额
		□	期末余额

图 2-2-10　"实收资本"账户的变动情况

4. 成本费用类账户的结构

成本费用类账户的结构与资产类账户一致，但是成本费用类账户一般没有期末余额（"生产成本"账户除外）。

在成本费用类账户中"借方"表示增加数，"贷方"表示减少数。

成本费用类账户的结构如图 2-2-11 所示。

借方	成本费用类账户		贷方
本期增加额	…	…	本期减少额
本期借方发生额	…	…	本期贷方发生额

图 2-2-11　成本费用类账户的结构

【例 2-2-3】宏达公司 2014 年 11 月成本费用类账户中"制造费用"账户发生如下变化：

（1）11 月 15 日，制造费用增加 2550 元。

（2）11 月 31 日，制造费用增加 17000 元。

（3）11 月 31 日，制造费用增加 13650 元。

（4）11 月 31 日，制造费用减少 33200 元（2550 + 17000 + 13650），期末无余额。

假定本月宏达公司无其他"制造费用"变动情况，本月"制造费用"的"T"形账登记如图 2-2-12 所示。

借方	制造费用		贷方
本期增加额	2550 17000 13650	33200	本期减少额
本期借方发生额	33200	33200	本期贷方发生额

平

图 2-2-12 "制造费用"账户变动情况

成本费用类账户，期末时因为没有期末余额，下期自然也没有期初余额。登账结束无余额用"平"字表示。

5. 收入类账户的结构

收入类账户的结构与负债类账户、所有者权益类账户一致，但应注意：收入类账户无期末余额，因此也没有期初余额。在收入类账户中，"贷方"表示增加数，"借方"表示"减少数"。收入类账户的结构如图 2-2-13 所示。

借方	收入类账户		贷方
本期减少额	…	…	本期增加额
本期借方发生额	…	…	本期贷方发生额

图 2-2-13 收入类账户的结构

任务实施

宏达公司 2014 年 11 月收入类账户中的"其他业务收入"账户本月发生如下变化：

（1）11 月 3 日，其他业务收入增加 8000 元。

（2）11 月 15 日，其他业务收入增加 3600 元。

（3）11 月 31 日，其他业务收入减少 11600 元（8000 元+3600 元）。

假定本月宏达公司"其他业务收入"账户无其他变动情况，本月"其他业务收入"

账户的"T"形账应如何登记？请填列图 2-2-14 的相应空白处。

借方	其他业务收入	贷方
本期减少额	□ □	本期增加额
本期借方发生额	□ □	本期贷方发生额

图 2-2-14 "其他业务收入"账户的变动情况

上述五类账户的变动情况，总结如表 2-2-5 所示。

表 2-2-5 会计账户的变动情况总结

账户类别	借方登记	贷方登记	余额的方向
资产类	增加	减少	借方
负债类	减少	增加	贷方
所有者权益类	减少	增加	贷方
成本费用类	增加	减少	无余额（生产成本除外）
收入类	减少	增加	无余额

由表 2-2-5 可知：资产类和成本费用类账户增减变化登记方向一致；负债类、所有者权益类和收入类账户增减变化登记方向一致。

想一想

会计要素、会计科目、会计账户之间是什么关系呢？

（三）记账规则

在借贷记账法下，所有的账户都用"借"和"贷"来表示自己的变化情况，因此在进行记账时，一定要遵守"有借必有贷，借贷必相等"的记账规则。在业务变化中，如果有账户借方发生变动，一定会涉及对应账户的贷方变动，且金额相等。同样，如果有账户贷方发生变动，也一定会涉及对应账户的借方变动，金额也相等。

【例 2-2-4】 宏达公司用现金 5000 元购买了一台电脑（不考虑税费），该业务分析如下：

（1）库存现金减少了 5000 元。"库存现金"是资产类账户，减少应登记在贷方。

（2）固定资产中的电脑增加了一台，价值 5000 元。"固定资产"是资产类账户，增加应登记在借方。

登记"T"形账如图 2-2-15 所示。

借	库存现金	贷		借	固定资产	贷
	5000				5000	

图 2-2-15 "库存现金"和"固定资产"账户的"T"形账

可以看出，在"固定资产"账户借方变动的同时，对应账户"库存现金"的贷方也发生变动，变动金额相等，都是 5000 元，符合"有借必有贷，借贷必相等"的记账规则。

【例 2-2-5】宏达公司买了一批材料，并且已经验收入库，买价是 3000 元（不考虑税费），用银行存款支付了 1000 元，余款 2000 元暂欠。该业务分析如下：

（1）购买材料，使原材料增加了 3000 元。"原材料"是资产类账户，增加应记录在"借方"。

（2）用银行存款支付货款，使银行存款减少了 1000 元。"银行存款"是资产类账户，减少应记录在"贷方"。

（3）余款暂欠，使应付账款增加了 2000 元。"应付账款"是负债类科目，增加应记录在"贷方"。

登记"T"形账户如图 2-2-16 所示。

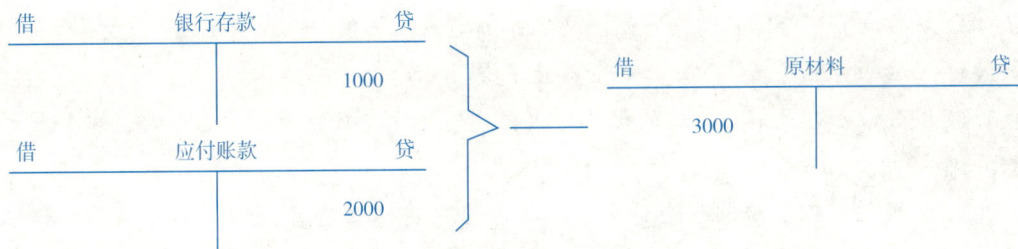

图 2-2-16 "T"形账户的登记

可以看出，"原材料"账户借方变动 3000 元的同时，对应账户"银行存款"和"应付账款"的贷方也发生变动，且变动金额相等，也是 3000 元（1000 + 2000），符合"有借必有贷，借贷必相等"的记账规则。

（四）会计分录

"T"形账可以很直观地看出每一个账户的增减变化情况，在实际工作中，每天会发生许多交易、事项，要想清楚地了解每笔交易、事项的来龙去脉和账户之间的对应关系，我们应先将它们记录在凭证上，而凭证的核心就是会计分录。

"会计分录"是对每项经济业务列示出应借、应贷的账户名称及其金额的一种记录，包括账户名称、记账方向（借或贷）、记录的金额三部分内容。

【例2-2-4】 和 **【例2-2-5】** 两个业务编写的会计分录如下：

（1）借：固定资产　　　　　　　　5000

　　　　贷：库存现金　　　　　　　　　　5000

（2）借：原材料　　　　　　　　　3000

　　　　贷：银行存款　　　　　　　　　　1000

　　　　　　应付账款　　　　　　　　　　2000

会计分录有简单分录和复合分录之分，只涉及两个会计科目的，称为简单会计分录，如分录（1）；涉及两个以上会计科目的，称为复合会计分录，即一借多贷、一贷多借、多借多贷，如分录（2）。复合分录可以分解成简单分录。

小链接

会计分录中，借贷双方会计账户相互之间有一定的对应关系，这种关系就称为账户间的对应关系，有对应关系的账户称为对应账户。

在编制会计分录时，一般要经过以下步骤（找账户、定方向、定金额、编分录、用规则）。

（1）找账户。分析发生的业务会涉及哪些会计账户，并判断它们属于哪类账户（资产类、负债类、所有者权益类、成本费用类和收入类）。

（2）定方向。判断账户的增减变动情况，确定应记录在"借方"还是"贷方"。

（3）定金额。确定应计入账户的金额是多少。

（4）编分录。分录采用上述的记录形式，先写借方科目，再写贷方科目，借和贷要错开一个字的距离。

（5）用规则。检查编制的会计分录是否符合"有借必有贷，借贷必相等"的记账规则。

任务实施

1. 宏达公司2014年7月初有关总分类账的余额如下：

（1）库存现金　　　300元　　　　　（2）银行存款　　　200000元

（3）原材料　　　4800元　　　　　（4）固定资产　　　160000元

（5）生产成本　　15000元　　　　　（6）短期借款　　　20000元

（7）实收资本　　300000元　　　　　（8）应付账款　　　60000元

2. 7月，宏达公司发生如下经济业务：

（1）收到投资者投入的货币资金200000元，已存入银行。

（2）用银行存款40000元购入不需要安装的设备一台。

（3）购入材料一批，买价和运杂费共计15000元（不考虑税费），已验收入库，货款尚未支付。

（4）从银行提取现金 2000 元备用。

（5）借入短期借款 20000 元，已存入银行。

（6）用银行存款 35000 元偿还应付账款。

（7）生产产品领用原材料一批，价值 12000 元。

（8）用银行存款 30000 元偿还短期借款。

要求：（1）根据以上经济业务编制会计分录。

（2）根据期初余额资料开设账户并登记有关总分类账户（开设"T"形账即可）。

模块三　牛刀小试

通过前面的学习，小萌已经认识了会计要素这个大家族，并且掌握了借贷记账法，学会了会计分录的基本编制方法，现在她对企业经营活动各个环节如何进行会计处理产生了极大兴趣，宏达公司的王会计看出了她这一心思，决定帮助她。王会计带着小萌到公司采购部、仓储部、生产部、销售部、办公室等部门转了一圈儿，让她了解公司各部门的业务流程及主要经济业务，最后回到财务部"手把手"地教小萌，王会计给小萌布置了下面五个任务，我们跟着小萌一起来学习吧。

🔍 学习目标

知识目标

（1）了解产品制造业各环节发生的主要经济业务。

（2）了解核算这些经济业务应设置的主要账户及账户的结构。

（3）掌握这些经济业务的账务处理方法。

技能目标

（1）熟练运用借贷记账法处理企业的基本经济业务（即能编制正确的会计分录）。

（2）能计算材料采购成本。

（3）能计算简单的产品成本。

（4）能计算利润指标。

任务一　钱从哪儿来

任务描述

任何企业从事生产经营活动都必须具备一定的"本钱"，有了"本钱"企业才能购建厂房，购买生产所需要的机器设备、原材料，支付职工工资及生产、销售过程中的其他费用，所以，资金筹集是企业从事生产经营活动的出发点。

知识平台

一、资金来源

开办企业的资金（即"本钱"）主要来源于两大渠道：投资者投入的资金和向债权人借入的资金。

（一）投资者投入的资金

投资者对企业进行投资后就成为企业的所有者（即"老板"），所投入的资金就形成企业所有者权益中的资本金，也就是企业在工商管理部门登记的注册资本。

投资者可以是国家、其他法人单位、个人或外商等。股份制企业的投资者又称股东。

投资方式可以是现金投资，也可以是固定资产、无形资产等非现金投资。

投资者投入企业的资本，除法律、法规另有规定外，投资者只能依法转让，不得随意抽回。

（二）向债权人借入的资金

企业在生产经营过程中，往往会出现资金不足的情况，为了弥补生产周转资金的不足或购置固定资产的需要，需要向银行或其他金融机构借入资金。企业借入的资金就形成了企业的负债，按借款期限的长短分为短期借款和长期借款。

想一想

企业的所有者和企业的债权人有什么区别？企业的权益、所有者权益和债权人权益有什么关系？

二、筹资业务核算

（一）接受投资的核算

企业接受投资者投资，通常要开设"实收资本"和"资本公积"账户。

"实收资本"账户属于所有者权益类账户，用来核算企业的投资者投入资本的增减变动及结果。该账户贷方登记所有者投资增加额，借方登记所有者投资减少额，期末贷方余额表示企业实有的资本数额，如图 3-1-1 所示。本账户按投资人设置明细账户进行明细核算。

借方	实收资本	贷方
本期经批准减少的资本数额	本期实际收到投资者的投资数额	
	期末余额：企业实有的资本数额	

图 3-1-1 "实收资本"账户结构

"资本公积"账户属于所有者权益类账户，用来核算：①资本（股本）溢价。②直接计入所有者权益的利得和损失（其他资本公积）。该账户贷方登记企业资本公积增加数额，借方登记资本公积减少数额，期末贷方余额为企业资本公积结余数额，如图 3-1-2 所示。本账户按照资本公积的种类设置明细账户进行明细核算。

借方	资本公积	贷方
本期资本公积的减少数额	本期资本公积的增加数额	
	期末余额：资本公积的结存数额	

图 3-1-2 "资本公积"账户结构

小链接

资本（股本）溢价是指投资者的投资额超过其在注册资本中所占份额的部分。

如甲、乙两人各出资 50 万元成立一家公司，则该公司的注册资本为 100 万元，1 年后，该公司经营业务发展蒸蒸日上，丙也想入股该公司，经协商，同意丙出资 60 万元享有公司 1/3 的股权，则丙多投资的 10 万元就是股本溢价。

在核算投资者投入资本时，为了反映和监督企业投资的取得，维护投资各方权益，除了设置"实收资本"、"资本公积"账户反映所有者享有的权益外，还应设置"银行存款"、"库存现金"、"固定资产"、"无形资产"等账户揭示投入资本的形式，它们的账户结构如图 3-1-3 至图 3-1-6 所示。

借方	银行存款	贷方
本期存入银行的款项	本期提取和支出的存款	
期末余额：本期末银行存款的结存数		

图 3-1-3 "银行存款"账户结构

借方	库存现金	贷方
本期库存现金的增加额		本期库存现金的减少额
期末余额：本期末库存现金的结存数		

图 3-1-4 "库存现金"账户结构

借方	固定资产	贷方
本期增加的固定资产的原始价值		本期减少的固定资产的原始价值
期末余额：本期末现有固定资产的账面原价		

图 3-1-5 "固定资产"账户结构

借方	无形资产	贷方
本期无形资产的增加额		本期无形资产的减少额
期末余额：本期末现有无形资产的账面价值		

图 3-1-6 "无形资产"账户结构

【例 3-1-1】2014 年 1 月 1 日，宏达公司收到股东刘宏、张明盛各投入资本金 90 万元，存入银行。

分析：宏达公司收到股东刘宏、张明盛投入资本金，实收资本增加，应按实际投资数额计入"实收资本"账户的贷方；同时，款项已存入银行，使银行存款增加，应计入"银行存款"账户的借方。

借：银行存款　　　　　　　　　　　　1800000
　　贷：实收资本——刘宏　　　　　　　　　　　900000
　　　　——张明盛　　　　　　　　　　　900000

【例 3-1-2】1 月 5 日，宏达公司收到另一股东宏远公司投入全新的设备一台，价值 20 万元；投入商标权一项，价值 10 万元。经协商，占宏达公司注册资本 20 万元。

分析：宏远公司投入设备属于固定资产，商标权属于无形资产，这两项资产增加，应计入"固定资产"、"无形资产"账户的借方；同时，按协商确定所占注册资本的数额增加实收资本，应计入"实收资本"账户的贷方，其差额部分作为资本溢价，应计入"资本公积"账户的贷方。

借：固定资产　　　　　　　　　　　　200000
　　无形资产　　　　　　　　　　　　100000
　　贷：实收资本——宏远公司　　　　　　　　200000
　　　　资本公积——资本溢价　　　　　　　　100000

（二）借入资金的核算

企业向债权人借入资金，通常要开设"短期借款"和"长期借款"账户。

"短期借款"账户属于负债类账户，用来核算企业借入的期限在 1 年以内（含 1 年）的各种借款。该账户贷方登记取得借款的本金数额；借方登记偿还借款的本金数额；期末贷方余额表示企业尚未偿还的借款本金数额，如图 3-1-7 所示。本账户按债权人和借款种类设置明细账户进行明细核算。

借方	短期借款	贷方
偿还借款的本金数额	取得借款的本金数额	
	期末余额：尚未偿还的借款本金数额	

图 3-1-7 "短期借款"账户结构

"长期借款"账户属于负债类账户，用来核算企业借入的期限在 1 年以上的各种借款。该账户贷方登记取得长期借款的本金及利息调整；借方登记偿还长期借款的本金及利息调整；期末贷方余额表示企业尚未偿还的长期借款数额，如图 3-1-8 所示。本账户按债权人和借款种类设置明细账户进行明细核算。

借方	长期借款	贷方
本期偿还的长期借款的本息数额	本期借入的长期借款的本金 本期计算的应计利息	
	期末余额：本期末尚未偿还的长期借款本息	

图 3-1-8 "长期借款"账户结构

注意：暂不考虑长期借款的利息调整。

【例 3-1-3】1 月 10 日，宏达公司从银行借入期限为 1 年的借款 30 万元，款项存入银行。

分析：由于期限为 1 年的借款属于短期借款，款项已存入银行，使银行存款和短期借款同时增加，应分别计入"银行存款"账户的借方和"短期借款"账户的贷方。

借：银行存款　　　　　　　　　　　　　　　300000

　　贷：短期借款　　　　　　　　　　　　　　　　300000

【例 3-1-4】1 月 15 日，宏达公司向银行借入期限为 3 年的借款 70 万元，款项存入银行。

分析：由于期限为 3 年的借款属于长期借款，款项已存入银行，故银行存款和长期借款同时增加，应计入"银行存款"账户的借方和"长期借款"账户的贷方。

借：银行存款   700000

    贷：长期借款   700000

任务实施

编制下列业务的会计分录：

（1）收到国家投入的货币资金 100000 元，已存入银行。

（2）取得 1 年期借款 20000 元，款项存入银行。

（3）接受华光公司投入的新设备一台，经双方协商确认的价值为 10000 元。

（4）因兴建厂房向银行借入 3 年期借款 80000 元，款项已存入银行。

（5）收到甲公司投入的商标权，双方确认价为 200000 元。

（6）购入卡车一辆，价值 250000 元，以银行存款支付。

（7）公司经法定程序批准，以资本公积 40000 元转增注册资本。

想一想

假设宏达公司是新设立的企业，经过上述筹资业务，权益总额为多少？其中有多少属于所有者权益？

任务二　花钱买原料

任务描述

企业具有一定"本钱"后，就可以开展日常的生产经营活动了，首先要采购所需的材料物资，即从采购材料物资开始，到验收材料物资入库为止，为生产做好物资储备。这个过程称为材料的供应过程，是整个生产经营活动的第一个环节。

材料供应过程核算的主要内容有：

（1）确认并计算材料采购成本。

（2）与供货单位办理价款结算。

（3）材料验收入库等。

知识平台

一、材料采购成本的内容和计算

（一）材料采购成本的内容

企业的材料采购成本如图 3-1-9 所示。

买价——实际购买材料的价格

材料采购成本

采购费用

运杂费（包括运输费、装卸费、包装费、仓储费、保险费等）
运输途中的合理损耗
入库前的挑选费用
购入材料物资负担的税金和其他费用

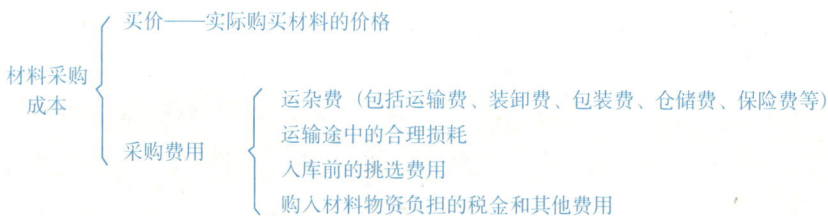

图 3-1-9　企业的材料采购成本

（二）材料采购成本的计算

1. 材料买价应直接计入所购材料的采购成本

买价 = 材料数量 × 单价

2. 材料采购费用计入材料采购成本的方式

（1）由某种材料负担的采购费用——直接计入该种材料的采购成本。

（2）由几种材料共同负担的采购费用——采用合适的分配标准（如材料的重量或买价）进行分配，计入各种材料的采购成本。其计算公式如下：

采购费用分配率 = 采购费用总额 ÷ 几种材料总重量（或买价）

某种材料应分摊的采购费用 = 该种材料重量（或买价）× 采购费用分配率

【例 3-1-5】宏达公司 2014 年 6 月 10 日同一批次购进甲、乙两种材料共 10000 千克，其中，甲材料 6000 千克，单价 10 元/千克；乙材料 4000 千克，单价 20 元/千克。本公司向货运公司共支付运杂费 6000 元。

分析：甲、乙两种材料的买价应直接计入甲、乙两种材料的采购成本，但是由两种材料共同负担运杂费 6000 元，应按两种材料的重量作为分配标准进行分摊，其计算方法如下：

（1）运杂费的分摊：

①分配标准：甲、乙两种材料的重量。

②分配率：6000 ÷ 10000 = 0.6（元/千克）。

③两种材料应分摊的运杂费：

甲材料应分摊的运杂费 = 6000 × 0.6 = 3600（元）

乙材料应分摊的运杂费 = 4000 × 0.6 = 2400（元）

（2）甲、乙两种材料的采购成本：

甲材料的采购成本 = 6000 × 10 + 3600 = 63600（元）

乙材料的采购成本 = 4000 × 20 + 2400 = 82400（元）

想一想

如果让你计算【例3-1-5】中甲、乙两种材料的单位采购成本，该如何计算？

二、材料采购业务的核算

企业的材料采购业务分为现购、赊购和预购三种情况：现购是指采购款项付清，不涉及应付等债务科目；赊购是指款项未付，将涉及应付等债务科目；预购是指按合同预先付款，后收货物，将涉及预付账款科目，收货后要清算，多退少补。

通常要开设"在途物资"、"原材料"和"应交税费"账户来核算企业的材料采购业务。

"在途物资"账户属于资产类账户，用于企业采用实际成本进行材料日常核算，记录尚未到达或尚未验收入库材料的采购成本。该账户借方登记企业购入材料的采购成本；贷方登记验收入库材料的采购成本；期末借方余额反映尚未验收入库在途材料的采购成本，如图3-1-10所示。"在途物资"账户按物资品种设置明细账户进行明细核算。

借方	在途物资	贷方
购入材料的采购成本		验收入库材料的采购成本
期末余额：尚未入库在途材料的采购成本		

图3-1-10 "在途物资"账户结构

"原材料"账户属于资产类账户。用来核算库存材料的收发与结存情况。该账户借方登记入库材料的实际成本；贷方登记发出材料的实际成本；期末借方余额反映库存材料的实际成本，如图3-1-11所示。本账户按材料类别、品种设置明细账户进行明细核算。

借方	原材料	贷方
入库材料的实际成本		发出材料的实际成本
期末余额：库存材料的实际成本		

图3-1-11 "原材料"账户结构

"应交税费"账户属于负债类账户。用于核算企业按照税法规定计算应缴纳的各种税费，包括增值税、营业税、消费税、所得税、城市维护建设税、教育费附加等。该账户贷方登记应缴纳的各种税费；借方登记实际缴纳的税费；期末贷方余额表示企业尚未缴纳的税费，如果余额在借方，表示多交或尚未抵扣的税费，如图3-1-12所示。本账户按照应交税费的种类设置明细账户进行明细核算。

借方	应交税费	贷方
实际缴纳的税费	应缴纳的各种税费	
	期末余额：尚未缴纳的税费	

图 3-1-12 "应交税费"账户结构

小链接

增值税是对在我国境内销售货物或提供加工、修理修配劳务，以及进口货物的单位和个人，就其货物销售或提供劳务的增值额和货物进口金额为计税依据而课征的一种流转税。

增值税按照全部销售额计算税额，但只对增值部分征税，实行税款抵扣制度，对以前环节已纳税款予以扣除，税款随货物销售逐环节转移，最终消费者是全部税款的承担者。

企业应纳增值税额 = 销项税额 − 进项税额

其中，进项税额是指购入货物或接受劳务缴纳的增值税。进项税额准予抵扣必须符合条件；销项税额是指销售货物或提供加工、修理修配的劳务收取的增值税。

为了核算企业应交增值税的发生、缴纳、退税及进项税额转出等情况，应在"应交税费"账户下设置"应交增值税"明细账户。该账户的借方发生额，反映企业购进货物或接受应税劳务支付的进项税额和实际已缴纳的增值税额等；贷方发生额，反映销售货物或提供应税劳务时向购货方收取的销项税额等；期末余额在贷方，表示企业尚未缴纳的增值税，期末如为借方余额，表示企业尚未抵扣的增值税进项税额，如图 3-1-13 所示。"应交税费——应交增值税"科目分别设置"进项税额"、"已交税金"、"销项税额"、"进项税额转出"、"出口退税"等专栏进行明细核算。

借方	应交税费——应交增值税	贷方
采购材料时支付的进项税额及已交的税金等	销售商品时收取的销项税额等	
期末余额：尚未抵扣的进项税额	期末余额：尚未缴纳的税额	

图 3-1-13 "应交税费——应交增值税"账户结构

因为企业赊购或预购材料物资，所以还要开设"应付账款"和"预付账款"账户来核算企业的材料采购业务，"应付账款"、"预付账款"的账户结构分别如图 3-1-14、图 3-1-15 所示。

借方	应付账款	贷方
偿还供应单位款项		应付供应单位款项
		期末余额：尚未偿还的应付款项

图 3-1-14 "应付账款"账户结构

借方	预付账款	贷方
预付给供应单位的货款和补付的货款		收到所购货物和退回多付的款项
期末余额：实际预付的款项		期末余额：尚未补付的款项

图 3-1-15 "预付账款"账户结构

（一）现购业务

【例 3-1-6】2014 年 1 月 5 日，宏达公司从东风公司购进甲材料一批，增值税专用发票上记载货款为 200000 元，增值税为 34000 元，全部款项以银行存款支付，材料已验收入库。

分析：从东风公司购买甲材料的买价为 200000 元，因材料已验收入库，应计入"原材料"账户的借方；同时应支付的增值税进项税额 34000 元，应计入"应交税费——应交增值税（进项税额)"账户的借方；由于全部款项已支付，应计入"银行存款"账户的贷方。

借：原材料——甲材料　　　　　　　　　　200000

　　应交税费——应交增值税（进项税额）　34000

　　　贷：银行存款　　　　　　　　　　　　　　　　234000

（二）赊购业务

【例 3-1-7】2014 年 1 月 8 日，宏达公司从正阳公司购进乙材料一批，增值税专用发票上记载货款为 100000 元，增值税为 17000 元，另外，对方代垫运杂费 2000 元。全部款项尚未支付，材料尚在运输途中。

分析：从正阳公司购买乙材料的买价和运杂费共计 102000 元，因材料尚未验收入库，应计入"在途物资"账户的借方；同时应支付的增值税进项税额 17000 元，应计入"应交税费——应交增值税（进项税额）"账户的借方；由于全部款项尚未支付，使企业负债增加，应计入"应付账款"账户的贷方。

借：在途物资——乙材料　　　　　　　　　102000

　　应交税费——应交增值税（进项税额）　17000

　　　贷：应付账款——正阳公司　　　　　　　　　　119000

【例3-1-8】2014年1月10日，8日从正阳公司购进的乙材料已运到，并验收入库。

分析：乙材料已验收入库，使原材料增加，应按实际成本102000元计入"原材料"账户的借方；减少的在途物资，应计入"在途物资"账户的贷方。

借：原材料——乙材料　　　　　　　　102000
　　贷：在途物资——乙材料　　　　　　　　　　102000

【例3-1-9】2014年1月15日，宏达公司以银行存款偿还正阳公司货款119000元。

分析：因购买乙材料欠正阳公司货款，用银行存款偿还，应计入"银行存款"账户的贷方、"应付账款"账户的借方。

借：应付账款——正阳公司　　　　　　119000
　　贷：银行存款　　　　　　　　　　　　　　119000

（三）预购业务

【例3-1-10】2014年1月10日，宏达公司按合同约定，为购买甲材料以银行存款70000元预付大华厂货款。

分析：为购买甲材料预付大华厂货款，预付货款70000元虽改变存放地点，但其本质上仍是公司的资产，应计入资产账户"预付账款"的借方；同时，预付货款使公司银行存款减少70000元，应计入"银行存款"账户的贷方。

借：预付账款——大华厂　　　　　　　70000
　　贷：银行存款　　　　　　　　　　　　　　70000

【例3-1-11】2014年1月13日，宏达公司10日预付大华厂购买的甲材料已运到并验收入库，增值税专用发票上记载的货款为50000元，增值税为8500元，供方另代垫运杂费600元。

分析：宏达公司收到甲材料的买价和运杂费共计50600元，应计入"原材料"账户的借方，增值税进项税额8500元，应计入"应交税费——应交增值税（进项税额）"账户的借方；由于公司之前已预付了货款，乙材料运到时应冲减预付账款59100元，计入"预付账款"账户的贷方。

借：原材料——甲材料　　　　　　　　50600
　　应交税费——应交增值税（进项税额）　8500
　　贷：预付账款——大华厂　　　　　　　　　59100

💧 想一想

【例3-1-10】、【例3-1-11】的交易发生后，"预付账款——大华厂"账户还有多少余额？表示什么意思？该如何结清该项往来款项？

小链接

【例 3-1-11】中，如果验收入库甲材料的买价为 70000 元，增值税为 11900 元，供方代垫运杂费 600 元，该如何进行账务处理？

（1）收到甲材料验收入库时：

借：原材料——甲材料 　　　　　　　　　　70600

　　应交税费——应交增值税（进项税额） 11900

　　　　贷：预付账款——大华厂 　　　　　　　　　　82500

（2）公司用存款补付大华厂 12500 元款项时：

借：预付账款——大华厂 　　　　　　　　　12500

　　　　贷：银行存款 　　　　　　　　　　　　　　12500

任务实施

编制甲公司 2014 年 9 月以下业务的会计分录：

（1）9 月 3 日，从乙公司购入 A 材料 1000 吨，每吨 10 元；B 材料 2400 吨，每吨 12 元，增值税税率 17%，材料已验收入库，全部款项以银行存款支付。

（2）9 月 10 日，从丙公司购入 A 材料 600 吨，每吨 11 元，增值税税率 17%，材料尚未到达，款项尚未支付。

（3）9 月 12 日，从丁公司购入 A 材料 2000 吨，每吨 10 元；购入 B 材料 3000 吨，每吨 20 元，增值税税率 17%，材料已验收入库，全部款项以银行存款支付，另以现金支付运输费 600 元（按重量比例分配）。

（4）9 月 15 日，收到丙公司发来的 A 材料，验收入库。

（5）9 月 20 日，从乙单位购进 B 材料 3000 千克，单价 8 元，计 24000 元，增值税税率 17%，对方代垫运费 520 元。以银行存款支付 20000 元，余款暂欠。材料已验收入库。

任务三　企业投产了

任务描述

企业采购各种材料物资后就正式进行产品的生产。生产过程是企业生产经营过程的第二阶段，也是体现工业企业特征的关键环节。

在生产过程中，人们利用机器设备等劳动工具对各种材料进行生产加工，生产出符合社会需求或客户订单需要的各种产品。为了生产产品，要发生各种耗费，如材料的耗费、固定资产的磨损、职工工资、其他费用等，这些生产耗费最终应归集分配到产品成本中，构成产品的制造成本。对于不能计入产品制造成本的管理费用、财务费用、销售费用作为期间费用，直接计入当期损益。

产品生产过程主要核算的内容有：①对生产耗费进行归集和分配；②管理费用、财务费用的确认记录；③产品制造成本的计算与结转。

知识平台

一、设置的账户

在生产过程的核算中，通常开设"生产成本"、"制造费用"、"管理费用"、"财务费用"和"库存商品"账户。

"生产成本"账户属于成本类账户。用于核算企业产品生产过程发生的各项生产费用，以最终计算出产品成本。该账户借方登记为进行产品生产所发生的各项生产费用，包括直接材料、直接人工和月末分配转入制造费用；贷方登记完工并验收入库产品的实际成本；期末借方余额反映尚未完工的各项在产品成本，如图3-1-16所示。"生产成本"账户应按产品的品种或类别设置明细账户，并按规定的成本项目设置专栏进行明细核算。

借方	生产成本	贷方
①本期发生的计入产品成本的直接费用 ②期末分配转入的制造费用		本期已完工并验收入库的产品的实际成本
期末余额：本期末尚未完工的在产品的实际成本		

图3-1-16 "生产成本"账户结构

"制造费用"账户属于成本类账户。用于核算企业生产车间、部门为生产产品和提供劳动而发生的各项间接费用。该账户借方登记企业发生的各项间接费用，主要包括车间管理人员的工资、福利费，一般耗用的材料费、固定资产折旧费、办公费、水电费等；贷方登记企业月末分配转入"生产成本"账户的应由各种产品负担的间接费用；期末一般无余额，如图3-1-17所示。"制造费用"账户应按不同的生产车间、部门和费用项目设置明细账户进行明细核算。

借方	制造费用	贷方
本期发生的各项间接费用		期末分配转入"生产成本"账户的间接费用

图3-1-17 "制造费用"账户结构

"管理费用"账户属于损益类账户。用于核算企业行政管理部门为组织和管理生产经营活动而发生的各项费用，包括行政管理部门职工薪酬、固定资产折旧费及修理费、办公费、水电费、差旅费等。该账户借方登记企业发生的各项管理费用；贷方登记期末转入"本年利润"账户的管理费用；结转后该账户期末无余额，如图3-1-18所示。"管理费用"账户按费用项目设置明细账户，或按费用项目设专栏进行明细核算。

借方	管理费用	贷方
本期发生的各项管理费用		期末转入"本年利润"账户的管理费用

图 3-1-18　"管理费用"账户结构

"财务费用"账户属于损益类账户。用于核算企业为筹集生产经营所需资金而发生的费用，主要包括利息支出、汇兑损益及相关手续费等。该账户借方登记企业发生的各项财务费用；贷方登记期末转入"本年利润"账户的财务费用；结转后该账户无余额，如图3-1-19所示。"财务费用"账户应按财务费用的费用项目设置明细账户进行明细核算。

借方	财务费用	贷方
本期发生的各项财务费用		期末转入"本年利润"账户的财务费用

图 3-1-19　"财务费用"账户结构

"库存商品"账户属于资产类账户。用于核算企业库存的各种商品的实际成本（或进价）。该账户借方登记验收入库商品的实际成本；贷方登记发出商品的实际成本；期末余额在借方，表示库存商品的实际成本，如图3-1-20所示。"库存商品"账户应按商品的类别、品种及规格设置明细账户进行明细核算。

借方	库存商品	贷方
本期验收入库商品的实际成本		本期发出商品的实际成本
期末余额：本期末库存商品的实际成本		

图 3-1-20　"库存商品"账户结构

二、核算举例

(一) 领用材料核算

【例 3-1-12】2014 年 1 月 14 日宏达公司仓库发出下列材料（根据领料单汇总），如表 3-1-1 所示。

表 3-1-1　发出材料汇总表

单位：元

材料名称	计量单位	数量	单价	金额	用途
甲材料	千克	4500	14	63000	制造 A 产品
		100		1400	车间一般消耗
乙材料	千克	9400	10	94000	制造 B 产品
		400		4000	管理部门一般耗用
合计				162400	

分析：仓库发出材料使库存材料减少，应计入"原材料"账户的贷方。同时，应分别按材料的不同用途计入相应成本、费用账户的借方：为制造产品而耗用的直接材料费用应计入"生产成本"账户；车间一般消耗的材料费用，应计入"制造费用"账户；行政管理部门一般耗用的材料费用，应计入"管理费用"账户。

借：生产成本——A 产品　　　　　　　　63000

　　　　　　——B 产品　　　　　　　　94000

　　制造费用　　　　　　　　　　　　　1400

　　管理费用　　　　　　　　　　　　　4000

　　贷：原材料——甲材料　　　　　　　　　　　　64400

　　　　　　　——乙材料　　　　　　　　　　　　98000

(二) 工资的核算

工资费用分配中由多种产品共同负担的生产工人工资按规定期末应选择一定的分配标准（如产品生产工时、定额工时等）和方法进行分配。

计算公式如下：

工资费用分配率＝生产工人工资总额÷各种产品生产工时（或定额工时）总和

某种产品应分配的工资费用＝该种产品生产工时（或定额工时）×工资费用分配率

【例 3-1-13】1 月 31 日，按受益对象分配本月职工工资 66000 元。其中，生产工人工资 46000 元（公司生产工人本月共同生产了 A、B 两种产品，共计消耗生产工时 5000 小时，其中 A 产品 3000 小时，B 产品 2000 小时），车间管理人员工资 8990 元，行政管理部门人员工资 11010 元。

分析：本例是按生产工时作为分配标准进行工资费用分配的，计算如下：

（1）工资费用分配率 = 46000 ÷ 5000 = 9.2（元/小时）

（2）A 产品应分配的工资费用 = 3000 × 9.2 = 27600（元）

B 产品应分配的工资费用 = 2000 × 9.2 = 18400（元）

工资是公司进行生产经营活动发生的人工费用，一方面使得公司应付职工工资增加 66000 元，形成负债，应计入"应付职工薪酬"账户的贷方；另一方面使得公司的产品成本、费用增加 66000 元，其中，A、B 产品生产工人工资属于直接人工，应计入"生产成本"账户的借方，车间管理人员工资属于间接费用，应计入"制造费用"账户的借方，行政管理人员工资属于期间费用，应计入"管理费用"账户的借方。

借：生产成本——A 产品　　　　　　27600

　　　　　　——B 产品　　　　　　18400

　　制造费用　　　　　　　　　　　8990

　　管理费用　　　　　　　　　　　11010

　　贷：应付职工薪酬——工资　　　　　　　　　　66000

？ 想一想

如果 2014 年 2 月公司以现金发放【例 3-1-13】中的职工工资 66000 元，应如何进行账务处理？如果公司通过银行发放，又如何处理？

（三）计提折旧的核算

固定资产因使用过程中逐渐发生损耗而转移到产品成本、费用中的那部分价值称为固定资产折旧。按照确定的方法对固定资产应计折旧额进行分摊计入的有关成本、费用称为折旧费。

【例 3-1-14】 1 月 31 日，公司按规定计提固定资产折旧 45000 元。其中，生产车间使用的固定资产应计提折旧 30000 元，行政管理部门使用的固定资产应计提折旧 15000 元。

分析：计提固定资产折旧费，一方面意味着当期成本、费用增加，应区分不同的使用部门计入不同的成本费用账户，其中生产车间固定资产提取的折旧额属于产品生产的间接费用，应计入"制造费用"账户的借方；行政管理部门固定资产提取的折旧额属于期间费用，应计入"管理费用"账户的借方；同时，对固定资产提取的折旧额应计入"累计折旧"账户的贷方。

借：制造费用　　　　　　　　　　30000

　　管理费用　　　　　　　　　　15000

　　贷：累计折旧　　　　　　　　　　　45000

（四）计提利息的核算

【例 3-1-15】 1 月 31 日，计提本月应负担的短期借款利息 1200 元。

分析：借款利息属于公司的财务费用，由于利息一般是按季度结算的，所以当月使用了借款（受益了），应当计算并负担当月利息，只不过是在季末才实际支付。计提的短期借款利息属于负债，应计入"应付利息"账户的贷方；同时本月负担的利息费用增加，应计入"财务费用"账户的借方。

借：财务费用　　　　　　　　　　　　　1200

　　贷：应付利息　　　　　　　　　　　　　　1200

【例 3-1-16】3 月 31 日，用银行存款支付本季度短期借款利息 3600 元。

分析：偿还短期借款利息使应付利息减少，应计入"应付利息"账户的借方，用银行存款支付利息费用使银行存款减少，应计入"银行存款"账户的贷方。

借：应付利息　　　　　　　　　　　　　3600

　　贷：银行存款　　　　　　　　　　　　　　3600

（五）其他费用的核算

1. 办公费

【例 3-1-17】1 月 14 日，行政管理部门购买会计账表、凭证等办公用品 1000 元，用银行存款支付。

分析：公司购买办公用品，使行政管理部门的办公费增加 1000 元，应计入"管理费用"账户的借方；同时银行存款减少 1000 元，应计入"银行存款"账户的贷方。

借：管理费用　　　　　　　　　　　　　1000

　　贷：银行存款　　　　　　　　　　　　　　1000

2. 差旅费

【例 3-1-18】1 月 15 日，供应科采购员李林到财会科预借差旅费 4000 元，出纳以现金支付。

分析：预借的差旅费属于公司的暂付款项，本质上仍是资产，应计入"其他应收款"账户的借方；同时现金减少，应计入"库存现金"账户的贷方。

借：其他应收款——李林　　　　　　　　4000

　　贷：库存现金　　　　　　　　　　　　　　4000

【例 3-1-19】1 月 23 日，采购员李林出差回来，报销差旅费 3500 元，并交回多余现金 500 元。

分析：采购员报销的差旅费属于公司的期间费用，应计入"管理费用"账户的借方，交回剩余现金应计入"库存现金"账户的借方；同时，公司的其他应收款这项债权减少（报销冲账），应计入"其他应收款"账户的贷方。

借：管理费用　　　　　　　　　　　　　3500

　　库存现金　　　　　　　　　　　　　500

　　贷：其他应收款——李林　　　　　　　　　4000

想一想

假设李林出差回来，报销差旅费 4500 元，超出预借费用 500 元。出纳应怎么办，会计应如何作账务处理？

3. 水电费

【例 3-1-20】 1 月 21 日，公司接到银行通知，用银行存款支付本月水电费 4800 元，其中属于生产车间耗用的水电费 3400 元，属于行政管理部门耗用的水电费 1400 元。

分析：公司用银行存款支付本月水电费应由本月有关成本、费用项目承担。其中，生产车间耗用的水电费，属于生产产品的间接费用，应计入"制造费用"账户的借方；行政管理部门使用的水电费，属于期间费用，应计入"管理费用"账户的借方；同时，减少的银行存款应计入"银行存款"账户的贷方。

借：制造费用　　　　　　　　　　　　　　3400

　　管理费用　　　　　　　　　　　　　　1400

　　贷：银行存款　　　　　　　　　　　　　　　　4800

（六）结转制造费用的核算

制造费用是产品制造成本的组成部分，属于产品生产中发生的间接费用，平时发生时应在"制造费用"账户的借方进行归集，期末按一定的标准（如生产工时、机器工时、生产工人工资等）和方法进行分配转入各产品的"生产成本"账户。计算公式如下：

制造费用分配率 = 制造费用总额 ÷ 生产工时（或机器工时）总和

某种产品应分配的制造费用 = 该种产品生产工时（或机器工时）× 制造费用分配率

【例 3-1-21】 1 月 31 日，分配结转本月生产车间制造费用 44000 元（本月生产工人共同生产了 A、B 两种产品，总工时 5000 小时，其中 A 产品 3000 小时，B 产品 2000 小时）。

分析：本例中是将生产工时作为分配标准进行制造费用分配的，计算如下：

制造费用分配率 = 44000 ÷ 5000 = 8.8（元/小时）

A 产品应分配的制造费用 = 3000 × 8.8 = 26400（元）

B 产品应分配的制造费用 = 2000 × 8.8 = 17600（元）

期末分配结转的制造费用应从"制造费用"账户的贷方转入"生产成本"账户的借方。

借：生产成本——A 产品　　　　　　　　　26400

　　　　　　　——B 产品　　　　　　　　　17600

　　贷：制造费用　　　　　　　　　　　　　　　44000

（七）结转完工产品成本的核算

完工产品制造成本的计算公式：

完工产品制造成本 = 直接材料 + 直接人工 + 制造费用

【例 3-1-22】1 月 31 日，结转本月完工入库 A、B 产品制造成本。A 产品 300 件，全部完工，完工产品总成本为 117000 元；B 产品生产 420 件，本月完工 380 件，月末在产品 40 件，完工产品总成本为 130000 元（假设该公司年初无在产品）。

分析：本月生产 A 产品发生的：

直接材料费用 = 63000（元）

直接人工费用 = 27600（元）

制造费用 = 26400（元）

则完工的 300 件 A 产品的制造成本 = 63000 + 27600 + 26400 = 117000（元）

表 3-1-2 产品成本计算单

2014 年 1 月

成本项目	A 产品（300 件）	
	总成本（元）	单位成本（元/件）
直接材料	63000	210
直接人工	27600	92
制造费用	26400	88
合计	117000	

注：计算结果保留小数点后两位。

A 产品的产品成本计算单如表 3-1-2 所示。

完工并验收入库产品的制造成本，应计入"库存商品"账户的借方和"生产成本"账户的贷方。

借：库存商品——A 产品　　　　　　　　117000

　　　　　　——B 产品　　　　　　　　130000

　　贷：生产成本——A 产品　　　　　　　　　　117000

　　　　　　　　——B 产品　　　　　　　　　　130000

任务实施

大华公司 2014 年 12 月发生以下经济业务：

（1）购入甲材料一批，货款为 18000 元，增值税税率 17%，运费为 700 元，均通过银行存款付清，材料已验收入库（运费不考虑增值税）。

（2）用现金购买厂部办公用品一批，共计 450 元。

（3）生产车间为制造 A 产品领用甲材料 6000 元，为制造 B 产品领用乙材料 8000 元，管理部门领用乙材料 2000 元。

（4）结算本月应付职工工资 50000 元，其中生产 A 产品的工人工资 25000 元，生产

B 产品的工人工资 15000 元。车间管理人员工资 3000 元，企业管理人员工资 7000 元。

（5）按规定计提固定资产折旧，其中生产车间设备折旧费 580 元，管理部门办公设备折旧费 1200 元。

（6）汇总制造费用，在 A、B 产品之间按生产工人工资进行分配。

（7）行政管理员张华出差借款 2000 元，以现金支付。

（8）张华报销差旅费 1500 元，余款退回现金。

（9）本月共生产 A 产品 100 件，B 产品 200 件，于月底全部完工入库，编制产品生产成本计算表。

要求：（1）根据上述经济业务编制会计分录。

（2）编制"产品生产成本计算表"。

任务四　产品上市了

任务描述

企业生产出符合客户要求的产品就要把它们拿到市场上去销售，以此来获得销售收入，赚得经营利润。销售过程是产品制造业生产经营活动的最后一个环节。企业的各项生产耗费都需要从销售收入中得到补偿。企业生产的产品适销对路，营销策略得当并能及时收回货款关乎企业下一阶段继续再生产甚至未来的发展命运。

销售过程核算的主要内容包括：①确认营业收入并结转营业成本；②计算营业税金及附加；③支付各项销售费用；④与购货方结算价款。

知识平台

企业的经营活动可以分为主营业务和其他业务。主营业务是指企业为完成其经营目标而从事的日常活动中的主要项目，如工商企业的商品销售、提供工业性劳务等。其他业务是指主营业务以外的其他日常活动，如工业企业销售材料，提供非工业性劳务等。

一、主营业务核算

企业的主营业务核算通常要开设"主营业务收入"、"主营业务成本"、"销售费用"等账户。

"主营业务收入"账户属于损益类账户，用于核算企业销售商品、提供劳务等主营业务取得的收入。该账户贷方登记企业实现的主营业务收入；借方登记期末转入"本年利润"账户的主营业务收入；结转后该账户无余额，如图 3-1-21 所示。该账户可按销售产品的品种设置明细账户进行明细核算。

借方	主营业务收入	贷方
期末转入"本年利润"账户的主营业务收入	企业实现的主营业务收入	

图 3-1-21 "主营业务收入"账户结构

"主营业务成本"账户属于损益类账户，用于核算企业确认销售商品、提供劳务等主营业务收入实现时应结转的成本。该账户借方登记本期结转的销售商品、提供劳务的实际成本；贷方登记期末转入"本年利润"账户的销售成本；结转后该账户无余额，如图 3-1-22 所示。该账户可按销售产品的品种设置明细账户进行明细核算。

借方	主营业务成本	贷方
本期结转的已销售商品、提供劳务的实际成本	期末转入"本年利润"账户的销售成本	

图 3-1-22 "主营业务成本"账户结构

"销售费用"账户属于损益类账户，用于核算企业销售商品和材料、提供劳务过程中发生的各项费用，包括保险费、包装费、展览费、广告费、运输费等。该账户借方登记企业发生的各项销售费用；贷方登记企业期末转入"本年利润"账户的销售费用；结转后该账户无余额，如图 3-1-23 所示。本账户应按销售费用项目设置明细账，并开设专栏进行明细核算。

借方	销售费用	贷方
发生的各项销售费用	期末转入"本年利润"账户的销售费用	

图 3-1-23 "销售费用"账户结构

企业的销售通常有三种方式：

（1）现销：销售商品后同时收到货款。不涉及销货应收账户，确认收入的同时货币资金增加。

（2）赊销：销售商品后未收到货款。会涉及销货应收账户，确认收入的同时债权增加。

（3）预销：先收到销售货款，后销售商品。涉及"预收账款"账户，先收款，后发货，再结算，多退少补。

（一）现销业务

【例3-1-23】1月18日，宏达公司对外销售A产品一批，增值税专用发票上记载销售A产品100件，每件售价500元，计货款50000元，增值税8500元，全部款项已收到并存入银行。

分析：公司销售产品确认收入增加，应计入"主营业务收入"账户的贷方，由于销售的产品是应纳增值税产品，应向购货方收取的增值税（销项税额），计入"应交税费——应交增值税（销项税额）"账户的贷方；全部款项收到并存入银行，使银行存款增加，应计入"银行存款"账户的借方。

借：银行存款　　　　　　　　　　　　　58500

　　贷：主营业务收入——A产品　　　　　　　　　　50000

　　　　应交税费——应交增值税（销项税额）　　　　8500

（二）赊销业务

【例3-1-24】1月22日，宏达公司销售B产品一批给志远公司，增值税专用发票上记载销售B产品200件，每件售价450元，计货款90000元，增值税15300元。另用现金为对方垫付运杂费900元，全部款项尚未收到。

分析：与【例3-1-23】相比，区别就在于货款、税款、代垫运杂费全部款项尚未收到，应计入"应收账款"账户的借方，增加公司的债权。

借：应收账款——志远公司　　　　　　　106200

　　贷：主营业务收入——B产品　　　　　　　　　　90000

　　　　应交税费——应交增值税（销项税额）　　　　15300

　　　　库存现金　　　　　　　　　　　　　　　　　900

【例3-1-25】1月28日，收到银行通知，22日销售给志远公司B产品的应收账款106200元已经收回入账。

分析：企业应收账款已收回，应计入"银行存款"账户的借方和"应收账款"账户的贷方。

借：银行存款　　　　　　　　　　　　　106200

　　贷：应收账款——志远公司　　　　　　　　　　106200

（三）预销业务

【例3-1-26】1月23日，宏达公司根据购销合同约定，预收天骄公司购买A、B产品的货款156000元，已存入银行。

分析：公司预收天骄公司货款时，由于产品尚未发运，收入尚未实现，因此不能确认收入，而应增加负债，计入"预收账款"账户的贷方；同时，预收的货款存入银行，使银行存款增加，应计入"银行存款"账户的借方。

借：银行存款　　　　　　　　　　　　　　156000

　　贷：预收账款——天骄公司　　　　　　　　　　156000

【例 3-1-27】1 月 25 日，宏达公司向天骄公司发出 A 产品 150 件，每件售价 500 元；B 产品 160 件，每件售价 450 元，增值税专用发票上记载价款为 147000 元，增值税为 24990 元，货款已于 1 月 23 日预收。

分析：公司发运销售的产品应确认收入实现，由于以前已经预收天骄公司的货款，应冲减预收账款，计入"预收账款"账户的借方。

借：预收账款——天骄公司　　　　　　　　171990

　　贷：主营业务收入——A 产品　　　　　　　　　75000

　　　　　　　　　　　——B 产品　　　　　　　　　72000

　　　　应交税费——应交增值税（销项税额）　　　24990

小链接

因为企业赊销或预销商品，所以还要开设"应收账款"和"预收账款"账户来核算企业的销售业务，"应收账款"、"预收账款"的账户结构分别如图 3-1-24、图 3-1-25 所示。

借方	应收账款	贷方
发生的应收账款	已收回的应收账款	
期末余额：尚未收回的应收账款		

图 3-1-24 "应收账款"账户结构

借方	预收账款	贷方
向购货单位发出商品销售，实现的货款和退回多余的款项	向购货单位预收的货款和购货单位补付的款项	
	期末余额：预收购货单位的款项	

图 3-1-25 "预收账款"账户结构

想一想

该项交易发生后，预收账款明细账余额还有多少？表示债权还是债务？

（四）结转销售成本

【例3-1-28】 1月31日，结转本月已销产品成本。其中，A产品销售250件，单位成本390元/件，总成本97500元；B产品销售360件，单位成本342.11元/件，总成本123159.60元。

分析：由于销售产品使库存商品减少，已销售产品成本应从"库存商品"账户的贷方转入"主营业务成本"账户的借方。

借：主营业务成本——A产品   97500.00

     ——B产品   123159.60

 贷：库存商品——A产品   97500.00

     ——B产品   123159.60

（五）发生销售费用

【例3-1-29】 1月25日，宏达公司用银行存款支付时代广告公司为本公司新产品做宣传的广告费5000元。

分析：以银行存款支付广告费使本公司销售费用增加，银行存款减少。应计入"销售费用"账户的借方和"银行存款"账户的贷方。

借：销售费用   5000

 贷：银行存款   5000

想一想

下月初公司用银行存款向税务部门缴纳城市维护建设税和教育费附加时应如何编制会计分录？

二、其他业务的核算

企业的其他业务核算通常要开设"其他业务收入"、"其他业务成本"等账户。

"其他业务收入"账户属于损益类账户。用于核算企业确认的主营业务收入以外的其他经营活动实现的收入，如销售材料、出租包装物、出租固定资产、出租无形资产等实现的收入。该账户贷方登记企业确认的其他业务收入；借方登记期末转入"本年利润"账户的其他业务收入；结转后该账户无余额，如图3-1-26所示。应按其他业务收入种类设置明细账，进行明细核算。

借方	其他业务收入	贷方
期末转入"本年利润"账户的其他业务收入	本期确认的其他业务收入	

图3-1-26　"其他业务收入"账户结构

"其他业务成本"账户属于损益类账户。用于核算企业确认的除主营业务活动以外的其他经营活动所发生的支出，包括销售材料的成本等。该账户借方登记发生的其他业务成本；贷方登记期末转入"本年利润"账户的其他业务成本；结转后该账户无余额，如图 3-1-27 所示。应按其他业务成本核算的种类设置明细账户进行明细核算。

借方	其他业务成本	贷方
发生的其他业务成本		期末转入"本年利润"账户的其他业务成本

图 3-1-27 "其他业务成本"账户结构

（一）收入的确认

【例 3-1-30】 1 月 26 日，宏达公司销售一批月初购进但未能使用的丙材料，增值税专用发票上记载价款为 20000 元，增值税为 3400 元，货款收到存入银行。

分析：由于销售材料取得的收入属于其他业务收入，应计入"其他业务收入"账户的贷方，增值税（销项税额）应计入"应交税费——应交增值税（销项税额）"账户的贷方，因货款已收到并存入银行，应计入"银行存款"账户的借方。

借：银行存款　　　　　　　　　　　　　23400
　　贷：其他业务收入　　　　　　　　　　　　　　20000
　　　　应交税费——应交增值税（销项税额）　　　3400

（二）成本的结转

【例 3-1-31】 1 月 31 日，结转本月已销售丙材料的成本 12000 元。

分析：由于销售而使丙材料减少，已销售材料成本应从"原材料"账户的贷方转入"其他业务成本"账户的借方。

借：其他业务成本　　　　　　　　　　　12000
　　贷：原材料——丙材料　　　　　　　　　　　　12000

三、计算营业税金及附加

企业销售商品（产品）及经营其他业务除了缴纳增值税以外，还应缴纳营业税、消费税、城市维护建设税、教育费附加等，这些税费一般是在月终根据汇总的收入计算确定，并结转至"营业税金及附加"账户。

"营业税金及附加"账户属于损益类账户。用于核算企业经营活动发生的消费税、营业税、城市维护建设税、资源税和教育费附加等相关税费。借方登记企业按照规定计算由本期负担的与经营活动相关的各种税费；贷方登记期末转入"本年利润"账户的税费；结转后该账户无余额，如图 3-1-28 所示。该账户不设明细账。

借方	营业税金及附加	贷方
应由本期负担的与经营活动相关的各种税费	期末转入"本年利润"账户的税费	

图 3-1-28 "营业税金及附加"账户结构

【例 3-1-32】1 月 31 日，经查本月"应交税费——应交增值税"账户借方栏"进项税额"为 29940 元；贷方栏"销项税额"为 46260 元，抵扣后本月增值税税额为 16320 元，按应交增值税税额的 7%提取城市维护建设税，按 3%提取教育费附加。

分析：企业提取城市维护建设税和教育费附加，应计入"营业税金及附加"账户的借方 1632 元〔(46260 - 29940)×10%〕；已提取但尚未缴纳的城市维护建设税 1142.40 元（16320×7%），教育费附加 489.60 元（16320×3%），应计入"应交税费——应交城市维护建设税"账户和"应交税费——应交教育费附加"账户的贷方。

借：营业税金及附加   1632.00

　　贷：应交税费——应交城市维护建设税   1142.40

　　　　——应交教育费附加   489.60

任务实施

志远公司 2014 年 6 月发生下列业务、事项：

（1）6 月 5 日，销售给宏达公司 A 产品 300 件，售价 500 元/件，计 150000 元，增值税销项税额 25500 元，全部款项已收到并存入银行。

（2）6 月 7 日，以银行存款支付云上广告公司广告费 3000 元。

（3）6 月 10 日，按合同规定，预收第一商贸公司购买 B 产品的货款 30000 元，已存入银行。

（4）6 月 12 日，销售给第一商贸公司 B 产品 280 件，售价 450 元/件，计 126000 元，增值税销项税额 21420 元，部分价款于本月 10 日已预收。

（5）6 月 18 日，销售给天浩公司 A 产品 260 件，售价 500 元/件，计 130000 元，增值税销项税额 22100 元，全部价款尚未收到。

（6）6 月 20 日，收到第一商贸公司补付的款项 117420 元，存入银行。

（7）6 月 21 日，收到天浩公司所欠货款 152100 元存入银行。

（8）6 月 25 日，销售给大洋公司甲材料 1000 千克，售价 15 元/千克，计 15000 元，增值税销项税额 2550 元，货款已收到并存入银行，并结转甲材料成本 10500 元。

（9）6 月 30 日，结转本月已销售产品的制造成本。其中，A 产品销售 560 件，单位制造成本 365.20 元；B 产品销售 280 件，单位制造成本 335.20 元。

（10）6 月 30 日，按规定计算应交城市维护建设税 657.30 元，教育费附加 281.70 元。

要求：根据上述业务事项编制会计分录。

任务五 企业赚钱了吗？

任务描述

销售了商品，企业老板就会关心"赚钱了吗"？企业怎样才算赚钱呢？这个问题看上去很好回答：收入大于成本，有"剩下的钱"就算赚钱了。会计上，把"剩下的钱"叫作"利润"，用来衡量企业在一定会计期间的经营成果。企业赚到了钱，即获得利润就会按一定程序进行分配，本任务要完成利润的形成及分配核算。

知识平台

一、利润的构成及计算

（一）利润的概念和构成

利润是指企业在一定时期内生产经营活动的财务成果，包括收入减去费用后的净额、直接计入当期利润的利得和损失等。工业企业的利润总额由两部分构成：①营业利润；②营业外收支净额。

营业利润是企业的生产经营过程所实现的利润，是企业利润总额的主要组成部分。营业外收支净额是指企业发生的与生产经营活动无直接关系的营业外收入扣除营业外支出后的净额。

（二）利润总额的计算

利润总额 = 营业利润 + 营业外收支净额

营业利润 = 营业收入 − 营业成本 − 营业税金及附加 − 销售费用 − 管理费用 − 财务费用

营业收入是指企业经营业务所确认的收入总额，包括主营业务收入和其他业务收入；营业成本是指企业经营业务所发生的实际成本总额，包括主营业务成本和其他业务成本。

营业外收支净额 = 营业外收入 − 营业外支出

营业外收入是指企业发生的与日常活动没有直接关系的各项利得（如处置固定资产净收入、政府补助、盘盈、接受捐赠等）；营业外支出是指企业发生的与日常活动没有直接关系的各项损失（如处置固定资产净损失、非常损失、盘亏、公益性捐赠支出等）。

小链接

利得、损失区别于收入、费用的主要特征：

第一，利得和损失是企业偶发性等交易事项的结果；

第二，利得和损失是属于不经过经营过程就取得的收益或发生的支出。

(三) 净利润的计算

净利润是指利润总额扣除所得税后的余额。

即：净利润 = 利润总额 - 所得税费用

所得税是指企业根据国家《税法》的规定，对企业应纳税所得额按一定比例上缴的一种税金。所得税费用 = 应纳税所得额 × 企业适用的税率

二、利润形成的核算

企业利润形成的核算通常要开设"本年利润"、"所得税费用"、"营业外收入"、"营业外支出"等账户。

"本年利润"账户属于所有者权益类账户。用于核算企业本年度实现的净利润（或发生的净亏损）。会计期末，企业应将各收益类账户的期末余额转入"本年利润"账户的贷方，将各成本费用或支出类账户的期末余额转入"本年利润"账户的借方，结转后"本年利润"账户如为贷方余额，表示当年产生的净利润；反之为净亏损。年度终了，企业还应将本年实现的净利润转入"利润分配"账户的贷方；如为净亏损，转入"利润分配"的借方；结转后"本年利润"账户无余额，如图 3-1-29 所示。

借方	本年利润	贷方
各成本费用或支出类账户期末转入数		各收益类账户期末转入数
期末余额：当年发生的净亏损 将本年实现的净利润转入"利润分配"账户		期末余额：当年实现的净利润 将本年发生的净亏损转入"利润分配"账户

图 3-1-29 "本年利润"账户结构

"所得税费用"账户属于损益类账户。用于核算企业按规定从当期利润总额中扣除的所得税费用。该账户借方登记按应纳税所得额计算的应交所得税；贷方登记期末转入"本年利润"账户的数额；结转后本账户无余额，如图 3-1-30 所示。

借方	所得税费用	贷方
本期应交所得税额		期末转入"本年利润"账户的数额

图 3-1-30 "所得税费用"账户结构

"营业外收入"账户属于损益类账户。用于核算企业发生的与日常活动无直接关系的各种收入，如处置固定资产、出售无形资产、盘盈、接受捐赠、收取罚款、政府补助等收入和确实无法支付而按规定程序经批准后转作营业外收入的应付款项。该账户贷方登记企业发生的营业外收入；借方登记期末转入"本年利润"账户的营业外收入；结转后该账户无余额，如图 3-1-31 所示。本账户应按收入项目设置明细账户进行明细核算。

借方	营业外收入	贷方
期末转入"本年利润"账户的营业外收入	发生的营业外收入	

图 3-1-31 "营业外收入"账户结构

"营业外支出"账户属于损益类账户。用于核算企业发生的与日常活动无直接关系的各项损失，如处置固定资产净损失、出售无形资产净损失、非常损失、盘亏损失、违约罚款、公益性捐赠支出等。该账户借方登记企业发生的营业外支出；贷方登记期末转入"本年利润"账户的营业外支出。结转后该账户无余额，如图 3-1-32 所示。本账户应按费用项目设置明细账户进行明细核算。

借方	营业外支出	贷方
发生的营业外支出	期末转入"本年利润"账户的营业外支出	

图 3-1-32 "营业外支出"账户结构

（一）营业外收入业务

【例 3-1-33】 1 月 31 日，宏达公司获得政府补助收入 20000 元存入银行。

分析：公司获得政府补助收入属于利得，是非日常活动所发生的，应计入"营业外收入"账户的贷方和"银行存款"账户的借方。

借：银行存款　　　　　　　　　　　　　　20000

　　贷：营业外收入　　　　　　　　　　　　　　20000

（二）营业外支出业务

【例 3-1-34】 1 月 31 日，宏达公司用银行存款 18000 元向希望工程捐款。

分析：公司用银行存款向希望工程捐款，属于公益性捐赠支出，是非日常活动所发生的，应计入"营业外支出"账户借方和"银行存款"账户的贷方。

借：营业外支出　　　　　　　　　　　　　　18000

　　贷：银行存款　　　　　　　　　　　　　　18000

（三）结转收入收益

【例 3-1-35】 1 月 31 日，公司将本月主营业务收入 287000（A 产品 125000 元、B 产品 162000 元），其他业务收入 20000 元，营业外收入 20000 元，结转至"本年利润"账户。

分析：按规定，企业期末应将有关收益账户的余额转入"本年利润"账户，以便计算经营成果。

借：主营业务收入——A 产品　　　　125000

　　　　　　　　　——B 产品　　　　162000

　　其他业务收入　　　　　　　　　20000

　　营业外收入　　　　　　　　　　20000

　　贷：本年利润　　　　　　　　　　　　　　327000

（四）结转成本费用

【例 3-1-36】 1 月 31 日，公司将本月主营业务成本 220659.60 元（A 产品 97500 元、B 产品 123159.60 元），营业税金及附加 1632 元，其他业务成本 12000 元，管理费用 35910 元，财务费用 1200 元，销售费用 5000 元，营业外支出 18000 元，转入"本年利润"账户。

分析：期末企业应将归集的期间费用和已销产品、材料成本，营业税金及附加，营业外支出转入"本年利润"账户，以便计算经营成果。

借：本年利润　　　　　　　　　294401.60

　　贷：主营业务成本——A 产品　　　　97500.00

　　　　　　　　　　——B 产品　　　　123159.60

　　　营业税金及附加　　　　　　　1632.00

　　　其他业务成本　　　　　　　　12000.00

　　　管理费用　　　　　　　　　　35910.00

　　　财务费用　　　　　　　　　　1200.00

　　　销售费用　　　　　　　　　　5000.00

　　　营业外支出　　　　　　　　　18000.00

（五）计算应交所得税

【例 3-1-37】 1 月 31 日，公司按所得税税率 25%计算本月应交所得税，并结转所得税费用至"本年利润"账户。

分析：计算企业所得税时，应以公司实现的利润总额为基础，考虑加减纳税调整项目再乘以所得税税率计算而得。计算公式如下：

应交所得税 =（利润总额 ± 纳税调整项目）× 25%

注意：本例中暂不考虑纳税调整项目。

宏达公司 1 月应交所得税计算如下：

营业利润 = （287000 + 20000） − （220659.6 + 12000） − 1632 − 5000 − 35910 − 1200
= 30598.40 （元）

利润总额 = 30598.4 + 20000 − 18000 = 32598.40 （元）

应交所得税 = 32598.40 × 25% = 8149.60 （元）

（1）计算企业应交所得税，应计入"所得税费用"账户借方和"应交税费"账户贷方。

借：所得税费用   8149.60

    贷：应交税费——应交所得税   8149.60

（2）按规定，期末公司应将所得税费用结转至"本年利润"账户，以计算企业净利润。

借：本年利润   8149.60

    贷：所得税费用   8149.60

想一想

（1）宏达公司 2 月初用银行存款实际缴纳本月应交所得税时，应如何编制会计分录？

（2）宏达公司 1 月实现了多少净利润？

三、利润分配的核算

利润分配是指企业根据国家有关规定和投资者的决议，对企业的净利润所进行的分配。根据现行法律、法规及有关制度的规定，企业所实现的净利润，除国家另有规定外，应当按照下列顺序进行分配：

（1）弥补以前年度亏损。

（2）提取盈余公积，包括法定盈余公积和任意盈余公积。

（3）向投资者分配利润或支付股利。

企业实现的净利润按照上述顺序分配后，余下部分即为未分配利润，留待以后年度进行分配。

企业利润分配的核算通常要开设"利润分配"、"应付股利"、"盈余公积"等账户。

"利润分配"账户属于所有者权益类账户。用于核算企业利润的分配（或亏损弥补）和历年分配（或弥补）后的积存余额。该账户借方登记企业提取盈余公积、应付股利等利润分配的去向，包括"本年利润"账户转入的净亏损数额，贷方登记转入可供分配的利润数额，包括从"本年利润"账户转入的净利润数额和弥补亏损数额。年终如为贷方余额表示历年累积未分配利润；如为借方余额表示历年累积未弥补亏损，如图 3-1-33 所示。

借方	利润分配	贷方
从"本年利润"账户转入的净亏损数额、提取盈余公积、应付股利等利润分配的数额		从"本年利润"账户转入的净利润数额、弥补亏损数额
期末余额：历年累积未弥补亏损		期末余额：历年累积未分配利润

图 3-1-33 "利润分配"账户结构

"应付股利"账户属于负债类账户。用于核算企业经过董事会或股东大会，或类似机构决议确定分配给投资者的现金股利或利润。该账户贷方登记应支付的现金股利或利润；借方登记实际支付的现金股利或利润；期末贷方余额反映企业尚未支付的现金股利或利润，如图 3-1-34 所示。

借方	应付股利	贷方
实际支付的现金股利或利润		应支付的现金股利或利润
		期末余额：尚未支付的现金股利或利润

图 3-1-34 "应付股利"账户结构

"盈余公积"账户属于所有者权益类账户。用于核算企业从净利润中提取的盈余公积。该账户贷方登记企业按照规定提取的各项盈余公积的数额；借方登记企业将盈余公积用于弥补亏损或转增资本而减少盈余公积的数额等；期末贷方余额表示企业按规定提取的盈余公积余额，如图 3-1-35 所示。应分别设置"法定盈余公积"和"任意盈余公积"明细账户进行明细核算。

借方	盈余公积	贷方
用于弥补亏损或转增资本的数额		按照规定提取盈余公积的数额
		期末余额：提取的盈余公积余额

图 3-1-35 "盈余公积"账户结构

（一）结转全年净利润

假设宏达公司经营至 12 月 31 日时，全年实现净利润 165966 元。

【例 3-1-38】12 月 31 日，结转公司全年实现的净利润 165966 元。

分析：年终应将公司全年实现的净利润从"本年利润"账户借方转入"利润分配"

账户的贷方。

  借：本年利润   165966

    贷：利润分配——未分配利润   165966

  （二）提取盈余公积

  【例 3-1-39】 12 月 31 日，公司按规定从本年税后利润（净利润）中提取 10% 的法定盈余公积金。

  分析：企业从税后利润中提取盈余公积金，是对已实现利润进行的分配，应计入"利润分配"账户的借方，同时应计入"盈余公积"账户的贷方，反映盈余公积金的提取数额。

  借：利润分配——提取盈余公积   16596.60

    贷：盈余公积——法定盈余公积   16596.60

  （三）分配股利

  【例 3-1-40】 12 月 31 日，计算出应支付给投资者的利润 48000 元。

  分析：企业因接受投资而应支付给投资者的利润，在支付以前，应计入"应付股利"账户的贷方和"利润分配"账户的借方。

  借：利润分配——应付股利   48000

    贷：应付股利   48000

想一想

宏达公司本年度年末未分配利润是多少？

任务实施

天力公司 12 月发生下列业务事项：

（1）12 月 31 日，将本月主营业务收入 406000 元、其他业务收入 15000 元、投资收益 30000 元、营业外收入 108000 元结转至"本年利润"账户。

（2）12 月 31 日，将本月主营业务成本 298368 元、营业税及附加 939 元、销售费用 8000 元、管理费用 30700 元、财务费用 6600 元、其他业务成本 10500 元、营业外支出 10000 元结转至"本年利润"账户。

（3）12 月 31 日，计算本月应交所得税 48473.25 元（税率 25%），要求列出计算步骤及算式（假设不存在所得税纳税调整项目）。

  1）营业利润=

  2）利润总额=

  3）应交所得税=

（4）12 月 31 日，将所得税费用结转至"本年利润"账户。

（5）12月31日，全年实现净利润80万元，按规定10%的比例提取盈余公积。

（6）12月31日，公司董事会决定向投资者分配股利16万元。

要求：编制上述业务的会计分录。

模块四　真枪实战

　　经过了几个月的学习，小萌学会了编制各种经济业务对应的会计分录，这让她兴奋不已。不过很快她又发现了新问题：在现实工作中，会计分录写在哪里呢？除了编制分录以外，会计人员还需要做哪些工作？

项目一　会计凭证

　　小萌和同事一起出差，看见同事把出差期间的火车票、住宿费发票、采购材料的增值税专用发票等单据小心收好，她感到很不解。同事告诉她，火车票、采购材料的增值税专用发票等这些会计凭证除了用来报账外，还有其他重要的作用，因此，不仅要妥善保存它们，还必须能够正确填制和审核会计凭证。

学习目标

知识目标

（1）了解会计凭证的概念。

（2）了解会计凭证的保管要求。

（3）明确会计凭证的填写规范及要求。

（4）掌握会计凭证的分类。

技能目标

（1）能填制各种原始凭证。

（2）能依据原始凭证填制专用凭证和通用凭证。

（3）能审核和装订会计凭证。

任务一　填制和审核原始凭证

任务描述

　　通过学习，要求学生了解什么是原始凭证，并学会填制和审核原始凭证。

知识平台

一、会计凭证概述

（一）认知会计凭证

　　会计凭证是指记录交易、事项，明确经济责任，据以登记账簿的书面证明（载体）。在我们的生活中，会计凭证随处可见，如缴纳学费时学校开具的收据、购买体育器材时收到的发票、乘车时购买的车票等。

各单位在发生任何一项经济业务时都必须按照规定的程序和要求取得或填制会计凭证。所有的会计凭证需经过会计机构、会计人员及其他相关部门的严格审核。

小链接

《会计法》规定："会计账簿登记，必须以经过审核的会计凭证为依据。"

（二）会计凭证的分类

会计凭证一般按填制程序和用途不同，分为原始凭证和记账凭证。

1. 原始凭证

原始凭证是在交易、事项发生或完成时，由业务经办人员取得或填制的，用来证明交易、事项发生或完成情况的书面证明。

原始凭证是进行会计核算工作的原始资料和重要依据，是会计资料中最具法律效力的一种证明文件，是会计工作这座"大厦"的"基石"。

2. 记账凭证

记账凭证是会计人员根据审核无误的原始凭证，按照交易、事项的内容加以归类，并据以确定会计分录后填制的会计凭证。

记账凭证具有分类归纳原始凭证的作用，同时也是登记会计账簿最直接的依据。

会计凭证的分类如图 4-1-1 所示。

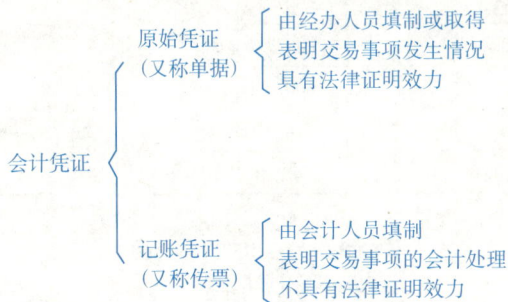

会计凭证
- 原始凭证（又称单据）
  - 由经办人员填制或取得
  - 表明交易事项发生情况
  - 具有法律证明效力
- 记账凭证（又称传票）
  - 由会计人员填制
  - 表明交易事项的会计处理
  - 不具有法律证明效力

图 4-1-1　会计凭证的分类

二、原始凭证概述

小萌在公司看到了各种各样的单据：业务人员出差回来报销差旅费，向财会部门提供了来回的飞机票、住宿发票等；生产车间生产产品领用材料，领料人员填写了领料单；因为资金短缺向银行借钱，签订的借款合同；本月发放职工薪酬自制的工资发放单；交纳水电费、电话费取得的相关收费单据；公司销售产品填制的增值税专用发票，取得的支票；采购部门购买办公用品取得了商场开具的发票等，这些单据都是原始凭证。

三、原始凭证的基本内容

在实际生活中，原始凭证的种类非常多，但不论是哪种原始凭证，都必须具备共同的基本内容。依据《会计基础工作规范》的规定，原始凭证主要具备以下内容：

（1）原始凭证的名称。

（2）填制凭证的日期和编号。

（3）接受凭证的单位名称（抬头人）。

（4）经济业务内容（包括数量、单价、金额等）。

（5）填制凭证单位名称及盖章或填制人姓名。

（6）经办人员的签名或者盖章。

（7）凭证附件。

下面以商业零售发票为例，说明原始凭证的基本内容，如表4-1-1所示。

表 4-1-1 ××省商业零售发票

发票联 　　　　　　　　　　　　　　　　Ⅱ No.173256

购货单位：宏达有限责任公司 　　　　2014 年 12 月 5 日

货号	品名规格	计量单位	数量	单价	金额							
					十	万	千	百	十	元	角	分
3021	回形针	盒	10	2.00					2	0	0	0
5805	签字笔	支	20	5.00				1	0	0	0	0
4280	订书机	台	1	20.00					2	0	0	0
合计人民币（大写）壹佰肆拾元整							¥	1	4	0	0	0

企业：（盖章有效） 　　　　开单：

地址： 　　　　　　　　　　税务登记号 210578088546838

　　　　　　　　　　　　　　开户行：中国建设银行云岩支行 　　　账号：152-6467282

小链接

发票是在购销商品、提供劳务以及从事其他经济活动中开具、收取的收付款的原始凭证。发票有普通发票（如商业零售发票）和增值税专用发票。

想一想

在生活中会取得哪些原始凭证？

四、原始凭证的种类

依据不同的分类标准，原始凭证有不同的划分：

（一）按取得的来源不同分类

原始凭证按取得的来源不同，分为自制原始凭证和外来原始凭证。

（1）自制原始凭证，又称自制凭证，是指由本单位内部经办业务的部门或个人（包括财会部门本身）在进行或完成某项经济业务时所填制的原始凭证。

例如，企业仓库部门填制的"收料单"、"产品入库验收单"、"产品出库单"；生产车间及其他部门申请领料时填制的"领料单"（见表4-1-2）；企业职工出差向单位借款填制的"借款单"；财会部门编制的"工资发放单"、"折旧计算表"；等等。

表 4-1-2　领料单

领料单位：

编号：

用途：　　　　　　　　　　　年　　月　　日　　　　　　　　　发料仓库：

材料名称	材料编号	规格	计量单位	数量		单位成本	金额	备注
				请领	实发			

仓库负责人：　　　　　记账：　　　　　　仓库保管员：　　　　　领料：

（2）外来原始凭证，又称外来凭证，是指在经济业务发生或完成时企业从其他单位或个人直接取得的原始凭证。

例如，企业购买办公用品时收到的商业零售发票；购货时取得的增值税专用发票（见图4-1-2）；支付的水费、电费的收据；出差人员出差时取得的火车票、飞机票；银行发来的收付款通知单；到银行办理进账时的进账单回单；等等。

小链接

外来原始凭证一般由税务局等部门印制，在填制时加盖出具单位公章方才有效，对于一式多联的原始凭证必须用复写纸套写才有效。

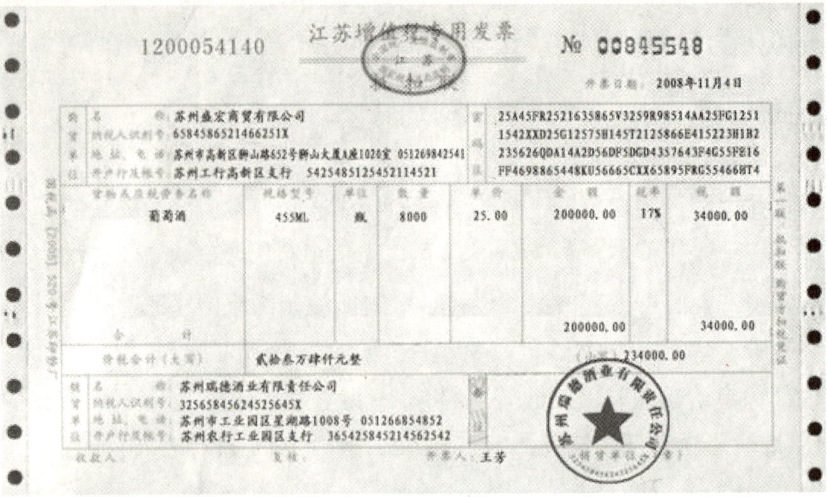

1200054140 江苏增值税专用发票 № 00845548

开票日期：2008年11月4日

苏州盛宏商贸有限公司
6584586521466251X
苏州市高新区狮山路652号狮山大厦A座1020室 051269842541
苏州工行高新区支行 5425485125452114521

25A45FR2521635865V3259R98514AA25FG1251
1542XXD25G12575H145T2125866E415223H1B2
235626QDA14A2D56DF5DGD4357643F4G55FE16
FF4698865448KU56665CXX65895FRG55466HT4

葡萄酒	455ML	瓶	8000	25.00	200000.00	17%	34000.00
					200000.00		34000.00

贰拾叁万肆仟元整 234000.00

苏州瑞德酒业有限责任公司
325658456245256 45X
苏州市工业园区星湖路1008号 051266854852
苏州农行工业园区支行 365425845214562542

开票人：王芳

图 4-1-2 原始凭证——增值税专用发票

（二）按填制的方法不同分类

按填制的方法不同，可将原始凭证分为一次原始凭证、累计原始凭证和汇总原始凭证。

（1）一次原始凭证，是指在一张凭证上只记载一项交易、事项或同时记载若干项同类性质的交易、事项并且一次有效的原始凭证，如收据、领料单、收料单、借款单（见表 4-1-3）、差旅费报销单、购货发票等。所有外来原始凭证和多数自制原始凭证都属于一次凭证。

表 4-1-3 借款单

年 月 日　　　　第 号

借款单位	
借款事由	
人民币（大写）	￥:
	现金支票第 号
借款人	
备注	

财务负责人：　　　　单位负责人：

想一想

常见的原始凭证中哪些是一次凭证？

（2）累计原始凭证，是指在一定时期内在一张原始凭证上多次记录发生的同类型经济业务的原始凭证。累计原始凭证是多次有效的原始凭证，即可多次填写使用的凭证。它一般为自制原始凭证。"限额领料单"是最具代表性的累计原始凭证，其格式如表4-1-4所示。

表 4-1-4　限额领料单

年　月　　　　　　　　　　　　编号：

领料单位：　　　　　　　　用途：　　　　　　　　计划产量：
材料编号：　　　　　　　　名称规格：　　　　　　计量单位：
单价：　　　　　　　　　　消耗定量：　　　　　　领用限额：

年		请领		实发					
月	日	数量	领料单位负责人	数量	累计	发料人	领料人	限额结余
合计								

供应部门负责人：　　　　　生产计划部门负责人：　　　　仓库负责人：

（3）汇总原始凭证，也称原始凭证汇总表，是根据一定时期内反映相同经济业务的多张原始凭证汇总编制而成的自制原始凭证，以集中反映某项经济业务的发生情况。它合并了同类型经济业务，既简化了记账工作量，又便于进行经济业务的分析比较。如发出材料汇总表（见表4-1-5）、工资结算汇总表等。汇总原始凭证是定期（如一个月）编制的。

表 4-1-5　发出材料汇总表
年　月　日

会计科目	领料部门	原料及主要材料	辅助材料	燃料	……	合计
生产成本	一车间					
	二车间					
	小计					
制造费用	一车间					
	二车间					
	小计					
管理费用	行政部门					
合计						

复核：　　　　　　　　　　制表：

原始凭证分类情况如图4-1-3所示。

```
                        ┌─────────────┐
                        │   原始凭证   │
                        └──────┬──────┘
               ┌───────────────┴───────────────┐
        ┌──────┴──────┐                  ┌──────┴──────┐
        │ 按取得的来源分类 │                  │ 按填制的方法分类 │
        └──────┬──────┘                  └──────┬──────┘
         ┌─────┴─────┐            ┌─────────────┼─────────────┐
    ┌────┴────┐ ┌────┴────┐  ┌────┴────┐  ┌────┴────┐  ┌────┴────┐
    │自制原始凭证│ │外来原始凭证│  │一次原始凭证│  │累计原始凭证│  │汇总原始凭证│
    └─────────┘ └─────────┘  └─────────┘  └─────────┘  └─────────┘
```

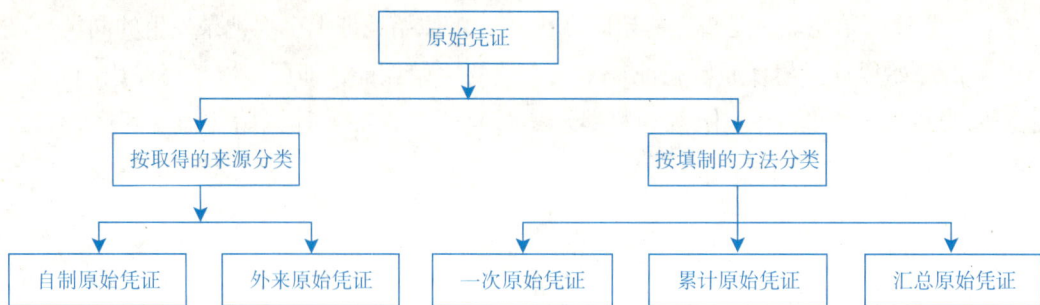

图 4-1-3　原始凭证的分类

五、原始凭证的填制

（一）填制的基本要求

1. 记录要真实可靠

原始凭证必须按照实际发生的会计事项填制，不能估计匡算，更不能弄虚作假。经办人员和有关部门负责人都要在凭证上签字盖章，对凭证的真实性负责。

2. 内容要完整齐全

在填制各种原始凭证时，内容必须填写齐全。根据《会计基础工作规范》的规定，原始凭证内容一般具备：凭证的名称；填制凭证的日期；填制凭证单位名称或者填制人姓名；经办人员的签名或者盖章；接受凭证单位名称；经济业务内容；数量、单价和金额。

3. 书写要清楚规范

原始凭证的书写要用蓝色、黑色或蓝黑墨水，文字和金额要工整清楚，易于辨认；不得违规使用汉字；阿拉伯数字不得连写。

4. 填制要及时

在交易、事项发生或完成时，应及时取得或填制原始凭证、送交财会部门审核，并据以编制记账凭证。

小链接

《会计基础工作规范》对会计凭证（原始凭证和记账凭证）的书写有相关的规范要求：

阿拉伯数字应当一个一个地写，不得连写。阿拉伯金额数字前面应当书写币种符号。币种符号与阿拉伯金额数字之间不得留有空白。凡在阿拉伯数字前写有币种符号的，数字后面不再写货币单位。

例如，正确的书写：￥5221.30

　　　　　错误的书写：￥5221.30　　　　　￥5221.30

所有以元为单位的阿拉伯数字，除表示单价等情况外，一律填写到角分；无角分的，角位和分位可写"00"，或者符号"—"；有角无分的，分位应当写"0"，不得用符号"—"代替。

例如，正确的书写：¥5221.00　　　¥5221.—　　　¥5221.30

错误的书写：¥5221.3—

大写金额数字如零、壹、贰、叁、肆、伍、陆、柒、捌、玖、拾、佰、仟、万、亿等，一律用正楷或者行书书写。大写金额数字到元或角为止的，在"元"或者"角"字之后应当写"整"字；大写金额数字有分的，"分"字后面不写"整"字。

例如，正确的书写：

¥5221.30　应写为：人民币伍仟贰佰贰拾壹元叁角整

¥5221.34　应写为：人民币伍仟贰佰贰拾壹元叁角肆分

大写金额数字前未印货币名称的，应填写货币名称，货币名称与金额数字之间不得留有空白，如上例。

阿拉伯金额数字中间有"0"时，汉字大写金额要写"零"字；阿拉伯数字金额中间连续有几个"0"时，汉字大写金额中可以只写一个"零"字；阿拉伯金额数字元位是"0"，或者数字中间连续有几个"0"，元位也是"0"但角位不是"0"时，汉字大写金额可以只写一个"零"字，也可以不写"零"字（票据上定有大写金额位数的除外）。

例如，正确的书写：

¥5001.30　大写金额为：人民币伍仟零壹元叁角整

¥15000.80　大写金额为：人民币壹万伍仟零捌角整或人民币壹万伍仟捌角整

（二）原始凭证填制实务

下面以"领料单"、"增值税专用发票"为例，介绍原始凭证的填制要求与方法。

1. 领料单的填制

领料单是由领用材料的部门或者人员根据所需领用材料的情况填写的单据。其内容一般有领用日期、材料名称、单位、数量、金额等。为明确材料领用的责任，领料单除了要有领用人的签名外，还需要主管人员的签名、保管人的签名等。

【例 4-1-1】 宏达公司生产二车间为生产 B 产品向仓库领用甲材料 2000 千克，单价 50 元/千克，填制如表 4-1-6 所示"领料单"。

2. 增值税专用发票的填制

增值税专用发票是由国家税务总局监制设计印制的，只限于增值税一般纳税人领购使用。

【例 4-1-2】 宏达公司销售 3002 号电机 50 台给海源贸易有限责任公司，单价 5000 元/台，金额 250000 元，双方均为增值税一般纳税人，增值税税率 17%，税额 42500 元。应开具增值税专用发票如表 4-1-7 所示。

表 4-1-6　宏达公司

领料单

领料单位：生产二车间　　　　　　　　2014 年 1 月 8 日　　　　　　　　编号：000435

用途：生产 B 产品　　　　　　　　　　　　　　　　　　　　　　　　　发料仓库：1 号库

材料名称	材料编号	规格	计量单位	数量		单位成本	金额（元）	备注
				请领	实发			
甲材料	A01	5 寸	千克	2000	2000	50	100000	

仓库负责人：郭大华　　　记账：小萌　　　仓库保管员：赵海涛　　　领料人：李霞

表 4-1-7　××增值税专用发票

21000331406　　　　　　　　　　　发票联　　　　　　　　　　　07060422

开票日期：2014 年 1 月 25 日

购货单位	名　　　称：顺源贸易有限责任公司 纳税人识别号：4301002782236246 地　址、电话：遵义路 58 号 开户行及账号：中国建设银行南明分行 18010011220152			密码区	6 +-〈2〉6〉589 +256 +/* 加密版本 01446 〈600375〈35〉4/*21000331 4062-2〈2015+ 24+2618〈707060 422/3-15〉〉09/5/-1〉〉〉+2		
货物应税劳务名称	规格型号	单位	数量	单价	金额	税率	税额
电机	3002	台	50	5000	250000.00	17%	42500.00
合　计					250000.00		42500.00
价税合计（大写）人民币贰拾玖万贰仟伍佰元整							¥292500
销货单位	名　　　称：宏盛有限责任公司 纳税人识别号：410602002234688 地　址、电话：四方河街 206 号 3133668 开户行及账号：中国工商银行南明分行 40100112200088			备注			

收款人：赵娜　　　　　复核：李三同　　　　　开票人：王玉仙

第二联：发票联　购货方记账凭证

　　原始凭证应当连续编号，一式几联的原始凭证应当注明各联的用途，且只能以一联作为报销凭证。作废时应当加盖"作废"戳记，连同存根一起保存，不得撕毁。

小链接

原始凭证签章要求：

第一，从外单位取得的原始凭证，必须盖有填制单位的公章；

第二，从个人处取得的原始凭证，必须有填制人员的签名或者盖章；

第三，自制原始凭证必须有经办单位领导或者其指定的人员签名或者盖章；

第四，对外开出的原始凭证，必须加盖本单位公章。

六、原始凭证的审核

审核原始凭证是正确组织会计核算的一个重要方法，也是实行会计监督的一个重要手段。为了保证会计信息的真实、合法、准确、完整、及时，充分发挥会计监督的作用，会计部门及人员必须对原始凭证进行严格认真的审核。主要包括下列内容：

（一）审核原始凭证的真实性和合法性

审核原始凭证记录的日期、内容、数据是否真实，是否有真实的签章；审核原始凭证中反映的经济业务是否符合国家和有关部门的政策、法令、制度、规定；审核原始凭证中反映的支出是否符合本单位生产经营活动的需要及计划、预算、合同等的规定。

（二）审核原始凭证的准确性和完整性

审核原始凭证填写的内容是否符合规定的要求，数字和文字是否正确，书写是否清楚，大小写金额是否相符；审查有关项目是否填列齐全、完整，有关人员是否都已签名盖章；注意审查填制日期，特别是支票等时效性较强的原始凭证应仔细验证签发日期。

小链接

根据《会计基础工作规范》的规定，原始凭证不得涂改、挖补。发现原始凭证有错误的，应当由开出单位重开或者更正，更正处应当加盖开出单位的公章。金额有错误的原始凭证，必须由出具单位重开。对于审核结果，应根据《会计法》相关规定根据情况分别予以处理：

（1）会计机构、会计人员要根据审核无误的原始凭证填制记账凭证。

（2）对于不真实、不合法的原始凭证，会计人员有权不予受理，并向单位负责人报告。

（3）对于不准确、不完整的原始凭证，应当退还给有关业务单位或个人，并由其负责更正错误或重开。注意：金额有错的原始凭证只能重开。

任务实施

（1）请列举出日常生活中的原始凭证。

（2）通过幻灯片分步骤教习学生如何填制原始凭证，并发放多种原始凭证让学生填制。

（3）将学生填制完成的原始凭证发放给不同的学生来审核，并让大家指出错误之处，最后由老师统一订正。

任务二　填制和审核记账凭证

任务描述

通过学习，要求学生了解什么是记账凭证，并学会如何填制和审核记账凭证。

知识平台

记账凭证又称记账凭单、传票。是会计人员根据审核无误的原始凭证或原始凭证汇总表，对经济业务事项的内容加以归类，并据以确定会计分录后填制的具有统一格式的会计凭证（实际工作中俗称"制单"，其核心内容是编制会计分录）。它是登记账簿的直接依据。

一、记账凭证的基本内容

记账凭证虽然种类多，格式不一，但都必须具备以下基本内容：

（1）记账凭证的名称。

（2）填制凭证日期。

（3）凭证编号。

（4）交易、事项的内容摘要。

（5）会计科目、记账方向、记账金额。

（6）所附原始凭证张数。

（7）相关人员的签名或盖章。收款、付款的记账凭证还必须有出纳人员签名或盖章。

（8）记账符号。

尽管记账凭证的内容较多，但其核心内容是会计分录，即会计科目、记账方向和记账金额。

二、记账凭证的种类

在实际工作中，根据记账凭证的适用范围不同可将其分为专用记账凭证和通用记账凭证两大类。

小链接

如果是规模较大、款项收付业务较多的大中型企业，通常采用专用记账凭证；反之，如果是规模较小、款项收付较少的单位则可以采用通用记账凭证来记录交易、事项。

（一）专用记账凭证

专用记账凭证根据反映的经济内容不同分为收款凭证、付款凭证和转账凭证三种。

（1）收款凭证，是用于反映现金和银行存款收款业务的记账凭证，其格式如图 4-1-4 所示。收款凭证还可以分为现金收款凭证和银行存款收款凭证两种。

收款凭证

摘要　日期　　　编号　原始凭证张数

年　月　日　　　制单编号＿＿＿＿

借方科目：

对方单位（或缴款人）	摘要	贷方科目		金额											记账符号
		总账科目	明细科目	亿	千	百	十	万	千	百	十	元	角	分	
结算方式及票号：		合计金额													

附凭证　张

会计主管：　记账：　稽核：　出纳：　制单：　收款人签章：

记账科目及方向　　相关责任人签章　　金额

图 4-1-4　收款凭证

（2）付款凭证，是用于反映现金和银行存款付款业务的记账凭证，其格式如表 4-1-8 所示。同样，付款凭证还可以分为现金付款凭证和银行存款付款凭证两种。

表 4-1-8　付款凭证

贷方科目：　　　年　月　日　　　制单编号＿＿＿＿

对方单位（或缴款人）	摘要	借方科目		金额											记账符号
		总账科目	明细科目	亿	千	百	十	万	千	百	十	元	角	分	
结算方式及票号：		合计金额													

附凭证　张

会计主管：　记账：　稽核：　出纳：　制单：　缴款人签章：

想一想

付款凭证与收款凭证的主要区别是什么？

（3）转账凭证，是用于记录不涉及货币资金收付的转账业务的记账凭证，其格式有表4-1-9、表4-1-10两种。

表4-1-9　转账凭证

年　月　日　　　　　　　　　　制单编号_____

摘要	借方科目		贷方科目		金额											记账符号
	总账科目	明细科目	总账科目	明细科目	亿	千	百	十	万	千	百	十	元	角	分	
合计																

附凭证　　张

会计主管：　　　　　记账：　　　　　稽核：　　　　　制单：

表4-1-10　转账凭证

年　月　日　　　　　　　　　　制单编号_____

摘要	总账科目	明细科目	借方金额											贷方金额											记账符号
			亿	千	百	十	万	千	百	十	元	角	分	亿	千	百	十	万	千	百	十	元	角	分	
合计																									

附凭证　　张

会计主管：　　　　　记账：　　　　　稽核：　　　　　制单：

（二）通用记账凭证

通用记账凭证是指可记录不同性质的会计事项的记账凭证，其格式如表4-1-11所示。

表 4-1-11 记账凭证

年　月　日　　　　　　　　凭证编号_____

摘要	总账科目	明细科目	借方金额											贷方金额											记账符号
			亿	千	百	十	万	千	百	十	元	角	分	亿	千	百	十	万	千	百	十	元	角	分	
合计																									

会计主管：　　　　　记账：　　　　　稽核：　　　　　制单：

附凭证　　张

三、 记账凭证的填制

记账凭证的主要作用是将交易、事项的内容、信息转化为会计语言并作为登记账簿的直接依据，所以其填制的正确性直接影响账簿登记的质量。

（一）记账凭证的填制要点

1. 记账凭证的填制依据

记账凭证必须根据审核无误的原始凭证填制，也可根据若干张同类原始凭证汇总填制，还可以根据原始凭证汇总表填制。

2. 记账凭证的填制日期

收、付款凭证填制的日期是以实际收款、付款的日期为准；转账凭证填制的日期是以收到原始凭证的日期为准，同时注明业务发生的日期。

3. 记账凭证的编号

为了分清会计凭证处理的先后顺序，便于记账凭证与会计账簿核对，应给记账凭证编号。记账凭证编号应分月按自然数 1、2、3、4……顺序连续编号，一张凭证编一个号，不得重号、跳号。

（1）专用记账凭证分类编号。专用记账凭证编号有两种方法：一种是分"收"、"付"、"转"三类编号，即"收字第××号"、"付字第××号"、"转字第××号"；另一种是按"现收"、"银收"、"现付"、"银付"、"转账"五类编号，即"现收字第××号"、"银收字第××号"、"现付字第××号"、"银付字第××号"、"转字第××号"。

（2）通用记账凭证统一编号。通用凭证按填制记账凭证的顺序从 1 号开始顺序编号。

（3）如果一笔交易事项需要填制 1 张以上的记账凭证时，记账凭证的编号可采用分数编号法。例如，一笔业务需要编制 3 张转账凭证，凭证号为 30 号，则这 3 张转账凭证编号为"转字第 30 1/3、转字第 30 2/3、转字第 30 3/3"。

4. 摘要的填写

摘要填写应真实准确、简明扼要、详略得当。

5. 编制正确的会计分录

会计科目和金额均应按要求填写。

6. 附件张数的填写

记账凭证上应注明所附原始凭证的张数。

（1）如果根据同一原始凭证填制数张记账凭证时，则应在未附原始凭证的记账凭证上注明"附件××张，见第××号记账凭证"。

（2）如果原始凭证需要另行保管时，则应在附件栏目内加以说明。

（3）更正错账和结账的记账凭证可以不附原始凭证。

7. 复核检查记账凭证

填写完毕的记账凭证应由有关人员进行复核，并签名盖章。

8. 填制记账凭证时若发生错误应当重新填制

（二）专用记账凭证的填制方法

1. 收款凭证的填制方法

收款凭证是根据货币资金收款业务的原始凭证填制的，其填制过程和方法如下：

（1）收款凭证上填列的借方科目，应是"库存现金"或"银行存款"科目。

（2）按填制凭证的日期填写"年、月、日"。

（3）按记账凭证的填制顺序连续编号。

（4）以简明文字填写摘要。

（5）在"贷方科目"填写会计分录中对应的科目。

（6）在金额栏内填列金额。

（7）在合计栏内计算填写总金额。

（8）填写所附原始凭证的张数。

（9）将金额栏中的空白处划线注销。

（10）相关人员签名或盖章。

【例4-1-3】 宏达公司1月10日收到天利公司投资款600000元，已存入开户银行。填制收款凭证，如表4-1-12所示。

2. 付款凭证的填制方法

付款凭证是根据货币资金付款业务的原始凭证填制的，其填制方法和收款凭证基本相同。主要区别是两者的"借方科目"与"贷方科目"的位置对调。

特别注意：对于涉及现金和银行存款之间的相互划转业务，应如何填制记账凭证呢？按现行规定只填制付款凭证，以避免重复记账。如现金存入银行只填制一张"现金付款凭证"；同样道理，对于从银行提取现金的交易事项，则只填制一张"银行存款付款凭证"。

表 4-1-12　收款凭证

借方科目：银行存款　　　　　　2014 年 1 月 10 日　　　　　　制单编号：银收字第 6 号

对方单位(或缴款人)	摘要	贷方科目 总账科目	贷方科目 明细科目	亿	千	百	十	万	千	百	十	元	角	分	记账符号
	接受投资	实收资本	天利公司		6	0	0	0	0	0	0	0			
结算方式及票号：转支 02011668	合计金额			¥	6	0	0	0	0	0	0	0			

会计主管：×××　　记账：×××　　稽核：×××　　出纳：×××　　制单：李红霞　　缴款人签章：

附凭证 张

小链接

收款凭证和付款凭证是登记现金日记账、银行存款日记账的依据。对于现金、银行存款之间划转业务所填制的付款凭证，应据以同时登记现金日记账和银行存款日记账。

收、付款凭证的填制和日记账的登记一般由出纳人员完成。

3. 转账凭证的填制方法

转账凭证是用以记录与货币资金收付无关的转账业务的凭证，简单来说，在转账凭证上不会出现"库存现金"或"银行存款"会计科目。它是由会计人员根据审核无误的原始凭证填制的。

【例 4-1-4】　宏达公司 1 月 31 日计提固定资产当月折旧 34000 元，其中生产车间计提折旧 24000 元，厂部管理部门计提折旧 10000 元。填制转账凭证如表 4-1-13 所示。

表 4-1-13　转账凭证

2014 年 1 月 31 日　　　　　　制单编号：转字第 55 号

摘要	总账科目	明细科目	借方金额 亿	千	百	十	万	千	百	十	元	角	分	贷方金额 亿	千	百	十	万	千	百	十	元	角	分	记账符号
计提折旧	制造费用	折旧费			2	4	0	0	0	0	0														
	管理费用	折旧费			1	0	0	0	0	0	0														
	累计折旧															3	4	0	0	0	0	0			
合计			¥	3	4	0	0	0	0	0				¥	3	4	0	0	0	0	0				

附凭证 1 张

会计主管：×××　　　记账：×××　　　稽核：×××　　　制单：李红霞

（三）通用记账凭证的填制方法

通用记账凭证的填制方法与专用转账凭证基本相同。

【例 4-1-5】 1 月 28 日，宏达公司采购员杨大强出差回来，报销差旅费 2800 元。出差前杨大强预借 3000 元，剩余款项交回现金。编制通用记账凭证如表 4-1-14 所示。

表 4-1-14　记账凭证

2014 年 1 月 28 日　　　　　　　　凭证编号：第 58 号

摘要	总账科目	明细科目	借方金额										贷方金额										记账符号
			亿	千	百	十	万	千	百	十	元	角	分	亿	千	百	十	万	千	百	十	元	角	分	
杨大强报销差旅费	管理费用	差旅费						2	8	0	0	0	0												
	库存现金								2	0	0	0	0												
	其他应收款	杨大强																	3	0	0	0	0	0	
合计							¥	3	0	0	0	0	0					¥	3	0	0	0	0	0	

会计主管：×××　　　记账：×××　　　稽核：×××　　　制单：李红霞

附凭证 2 张

想一想

在【例 4-1-5】中，如果该公司采用专用记账凭证，应怎样填制？

四、记账凭证的审核

记账凭证的审核，是指对已填制好的记账凭证的内容是否符合相关会计法律制度的规定及要求，是否有弄虚作假等问题存在进行检查，只有审核无误的记账凭证才能作为登记账簿的直接依据。其审核内容包括：

（一）对记账凭证所附原始凭证和有关资料的复查

为保证记账凭证的质量，审核记账凭证首先应当审核作为记账凭证编制依据的原始凭证和有关资料是否真实合法、准确、完整。

（二）审核记账凭证的填制是否合乎规定

首先审核记账凭证的基本要素是否完整，是否填写齐全；其次审核应借、应贷科目的运用及借贷方向是否正确；再次审核记账凭证与所附原始凭证记录的内容、数量、金额计算是否一致，是否有证证不符的现象；最后审查会计科目的对应关系及借贷金额是否正确，借贷是否平衡。

注意：在审核过程中，如果发现差错，应查明原因，及时处理和更正。但是单独进行记账凭证的审核，并不能发现某些隐藏的问题，因此，记账凭证的审核往往是与原始凭证和会计账簿的审查联系在一起的。

五、会计凭证的传递与保管

（一）会计凭证的传递

会计凭证的传递是指会计凭证从取得或填制时起，经过出纳、审核、记账、装订至归档保管为止，在单位内部各有关部门和人员之间按规定的时间和手续进行处理的传递程序。

各单位会根据自身经济业务的特点、单位组织设置、人员分工的情况以及经营管理的需要，规定会计凭证的办理手续和传递流程，制定会计凭证在各经办环节的停留时间，合理确定办理经济业务的时间。其目的是便于经办部门及人员办理凭证的手续符合单位内部牵制制度，同时又能及时反映和记录经济业务的发生和完成情况。

（二）会计凭证的保管

会计凭证的保管，是指会计凭证登账后的整理、装订和归档存查。

会计凭证装订前，要对会计凭证进行整理。整理的主要内容有：

1. 原始凭证的整理

在进行装订前，原始凭证一般先用回形针或大头针别在记账凭证后面，等装订时再抽去回形针或大头针。

由于原始凭证的大小与记账凭证的大小可能不完全一样，这就需要会计人员在装订会计凭证前对原始凭证加以适当整理。对于比记账凭证尺寸大的原始凭证，要按照记账凭证的尺寸大小，进行折叠，但要注意应把凭证的左上角或左侧面让出来，以便装订后还可以展开查阅。有的原始凭证面积大、数量多或者很重要，可以单独装订，如工资单、借款合同等，但在记账凭证上应注明保管地点。对于过小的原始凭证，为了确保其不至遗失，一般不直接装订，而是按一定次序和类别排列后粘在一张同记账凭证大小相同的原始凭证粘贴用纸上，同时，在一旁注明张数和合计金额。

2. 会计凭证的装订

会计凭证经过加工整理之后，按照编号顺序排列，外加封面、封底，装订成册，并在装订线上加贴封签。应按要求填写封面相关内容，并在封签骑缝处加盖会计主管的图章。会计凭证一般每月装订一次。

会计凭证的装订步骤如图4-1-5所示。

会计凭证的装订方法有包边法和包角法，如图4-1-6所示。

打开机器电源　　　　　　插入铆管

调整边距　　　　　　打孔　　　　　　铆管入孔

插入定心轴　　　　　热铆　　　　　装订完成

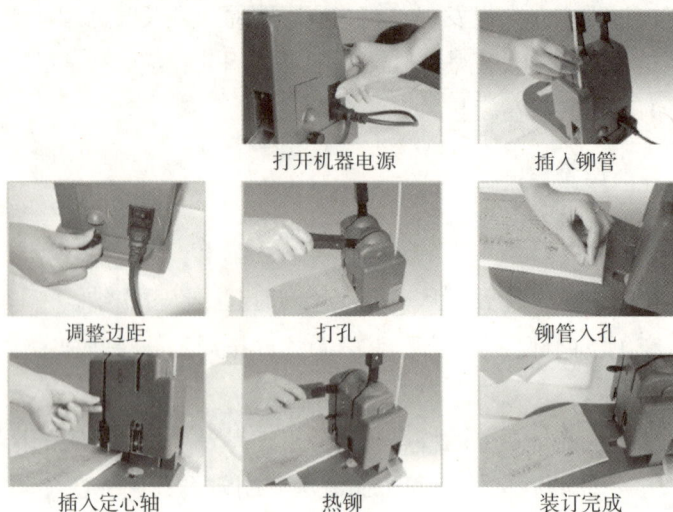

图 4-1-5　会计凭证装订步骤

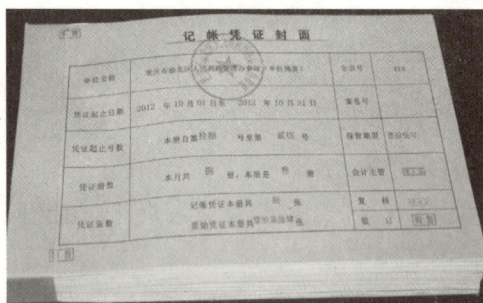

（a）包边法

（b）包角法

图 4-1-6　会计凭证的装订方法

3. 会计凭证的保管

在立卷存档之前，会计凭证的保管由财会部门保管，年终再进行登记归档。保管过程中应注意以下问题：

（1）装订成册的会计凭证，应集中保管，并指定专人负责。

（2）会计凭证应加贴封条，防止抽换凭证。需要查阅会计凭证时，要办理相应的手续制度。原始凭证不得外借，其他单位如有特殊原因确需使用的，经本单位会计机构负责人或会计主管人员批准，可以复制。向外单位提供的原始凭证复制件，应在专设的登记簿上登记，并由提供人员和收取人员共同签名盖章。

（3）原始凭证较多时，可单独装订保管，但应在凭证封面注明所属记账凭证的日期编号和种类，同时在所属的记账凭证上注明"附件另订"及原始凭证的名称和编号；各种经济合同等重要原始凭证应当单独登记保管，并在有关的记账凭证和原始凭证上相互注明日期和编号，以便查阅。

（4）每年装订成册的会计凭证，在年度终了时可暂由单位会计机构保管1年，期满后应当移交本单位档案机构统一保管；未设立档案机构的，应当在会计机构内部指定专人保管。

出纳人员不得兼管会计档案。

（5）应严格遵守会计凭证保管期限要求，会计凭证保管期限是15年，期满前不得任意销毁。

任务实施

（1）请列举出记账凭证的种类以及它们的适用范围。

（2）通过幻灯片分步骤教学生如何填制记账凭证，并发放多种记账凭证让学生填制。

（3）将学生填制完成的记账凭证发放给不同的学生来审核，并让大家指出错误之处，最后由老师统一订正。

项目二　会计账簿

　　月末，小萌手里的会计凭证已经有一小摞。这天，财务王会计问小萌："小萌，这个月我们企业办公费用总共支出了多少钱？其中采购办公软抄本总共花费了多少钱呢？我们保险柜里的现金还剩多少钱？我需要这几项的准确数据。""好的，王会计，等我用计算器把相关凭证上的数额加一下！"小萌说着赶忙去拿计算器。"慢着。"王会计似乎早有准备地从身后拿出几本"册子"，微笑着对小萌说："我料到你没归纳整理这些会计信息，所以给你带来了几本账簿！"归纳整理会计信息？账簿是什么呢？

学习目标

知识目标

（1）了解账簿的基本内容。

（2）掌握账簿的分类。

（3）明确各类账页的格式及其适用性。

（4）掌握总账和明细账平行登记的要点。

（5）了解错账的类型。

技能目标

（1）学会依据凭证登记日记账、明细账和总账。

（2）熟练运用错账更正方法。

（3）能编制试算平衡表并进行对账与结账。

任务一　认识账簿

任务描述

　　在会计核算中，对每一项经济业务都必须取得和填制相应的会计凭证。但会计凭证的数量很多，且只能分散地反映个别经济业务的内容，不能全面、连续、系统地反映和监督一个经济单位在一定时期内某类和全部经济业务的变化情况，且不便于日后查阅。因此，为了给单位的经济管理提供系统的核算资料，把大量分散的会计凭证核算资料加以集中和归类整理后，就要运用账簿来进行登记。

知识平台

一、会计账簿的概念

会计账簿是指由一定格式的账页组成，以会计凭证为依据，全面、系统、连续地记录各项经济业务的簿籍。

企业通过将会计凭证中反映的经济内容过入相应账簿，可以全面反映会计主体在一定时期所发生的各项资金运动，储存所需要的会计信息；设置和登记会计账簿，是重要的会计核算基础工作，是连接会计凭证和会计报表的中间环节。另外通过会计账簿的设置，可以建立起账证、账账、账表之间的钩稽关系，可以检查、校正会计信息。

想一想

登记会计账簿的依据是（　　）。

A. 经济业务　　　B. 会计凭证　　　C. 会计分录　　　D. 会计科目

二、会计账簿的作用

（一）账簿可以为企业经营管理提供系统、完整的会计核算资料

通过设置和登记账簿，可以把会计凭证提供的大量分散的核算资料，加以归类整理，以全面、连续、系统地反映企业的经济活动情况，这对于加强经济核算、提高企业经营管理水平具有重要的作用。

（二）账簿可以为编制会计报表提供数据资料

企业定期编制会计报表的主要依据来自账簿记录，账簿又是进行会计分析和会计检查的必要依据。因此，账簿的记录和设置正确、完整与否，直接影响财务报告的质量。

（三）账簿是考核企业经营业绩、加强经济核算、分析经济活动的重要依据

账簿既提供了总括的核算资料，又提供了明细的核算资料，提供了成本、费用、收入和财务成果的会计信息。结合有关资料，分析企业经营过程中存在的问题，及时总结经验，以便加强企业管理。

想一想

关于会计账簿的意义，下列说法正确的有（　　）。

A. 通过账簿的设置和登记，记载、储存会计信息

B. 通过账簿的设置和登记，分类、汇总会计信息

C. 通过账簿的设置和登记，检查、校正会计信息

D. 通过账簿的设置和登记，编报、输出会计信息

三、会计账簿的基本内容

会计账簿主要由三部分组成，即封面和封底、扉页和账户目录、账页。

（一）封面和封底

每一种账簿都有封面和封底，起到保护账页的作用。封面一般还要标明账簿的名称和单位名称。

（二）扉页和账户目录

打开账簿封面后就能看到扉页，扉页列示账簿启用表和账户目录。

（三）账页

账页是账簿的主要内容和核心，每一笔经济业务所引起的账户变动都被记录在账页里。账页的基本内容包括：账户的名称（总账科目、明细科目）、登账日期栏、记账凭证种类和号数栏、摘要栏（所记录经济业务内容的简要说明）、金额栏（所记录经济业务的增减变动）。

想一想

会计账簿主要由哪三部分组成？

四、如何启用会计账簿

会计账簿的启用分为以下四个步骤：

（一）设置账簿的封面

除订本账不另设封面以外，各种活页账都应设置封面和封底，并登记单位名称、账簿名称和所属会计年度。

（二）登记账簿启用及经管人员一览表

在启用新会计账簿时，应首先填写扉页上印制的"账簿启用及交接表"中的启用说明，包括单位名称、账簿名称、账簿编号、起止日期、单位负责人、主管会计、审计人员和记账人员等项目，并加盖单位公章。在会计人员发生变更时，应办理交接手续并填写"账簿启用及交接表"中的交接说明。

（三）填写账户目录

总账应按照会计科目的编号顺序填写科目名称及启用页码。在启用活页式明细分类账时，应按照所属会计科目填写科目名称和页码，在年度结账后，撤去空白账页，填写使用页码。

（四）粘贴印花税票

印花税票应粘贴在账簿的右上角，并且划线注销。在使用缴款书缴纳印花税时，应在右上角注明"印花税已缴"及缴款金额。

想一想

会计账簿的启用分为哪些步骤？

五、会计账簿的分类

会计核算中应用的账簿很多，不同的账簿，其形式、用途、内容和登记方法各不相同。因此，为了更好地了解和使用各种账簿，必须对账簿进行必要的分类。

账簿的分类一般有以下三种：

（一）按用途分类

按用途的不同，可以分为序时账簿、分类账簿和备查账簿三类，如图4-2-1所示。

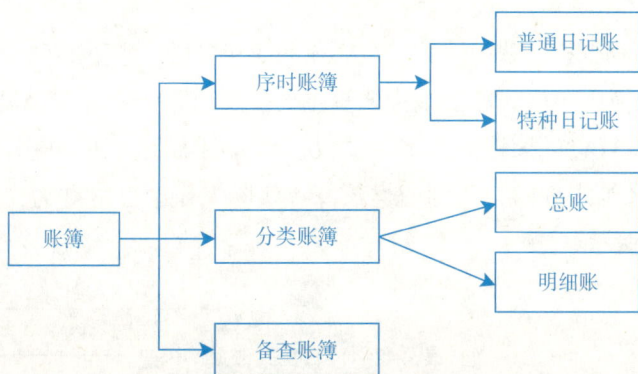

图4-2-1 会计账簿按用途分类

（1）序时账簿，也称日记账。分为普通日记账和特种日记账。

（2）分类账簿，分为总账和明细账。分类账簿提供的核算信息是编制会计报表的主要依据。

（3）备查账簿，又称辅助登记账簿。是对某些在序时账簿和分类账簿等主要账簿中都不予以登记或登记不够详细的经济业务事项进行补充登记时所使用的账簿。如为反映经营租赁方式租入、不属于本企业财产、不能记入本企业固定资产账户的机器设备，设置的租入固定资产登记簿；为反映应收票据的有关内容，设置的应收票据备查簿等。

（二）按外形特征分类

按外形特征的不同，可以分为订本式账簿、活页式账簿、卡片式账簿，如图4-2-2所示。

图 4-2-2　会计账簿按外形特征分类

（1）订本式账簿。适用于总分类账、现金日记账、银行存款日记账（其中序时账必须采用订本式账簿）。

（2）活页式账簿。适用于各类明细账，也可用于总账。

（3）卡片式账簿。适用于固定资产明细账。

（三）按账页格式分类

按账页格式分为三栏式账簿、数量金额式账簿和多栏式账簿。

（1）三栏式账簿。三栏式账簿是指账页主要反映借方、贷方和余额三个金额栏目的账簿。适用于只进行金额核算的资本、债权、债务明细账。如"应收账款"、"应付账款"、"实收资本"等账户的，明细分类核算。实际工作中也常称为"借贷余三栏式账簿"。如表 4-2-1 所示。

表 4-2-1　三栏式账簿

总页号		分页号	

一级科目 _____

子目或户名 _____

年		凭证		摘要	借　方									核对	贷　方									核对	借或贷	金　额									核对
月	日	种类	号数		亿	千	百	十	万	千	百	十	元	角	分		亿	千	百	十	万	千	百	十	元	角	分			亿	千	百	十	万	千	百	十	元	角	分	

三栏式账簿一般用于：①日记账；②总分类账；③登记资本、债权和债务的明细账。

（2）数量金额式账簿。这种账簿的借方、贷方和余额三个栏目内，都分设数量、单价和金额三小栏，以反映财产物资的实物数量和价值量。如原材料、库存商品、产成品、固定资产明细账。在登记账簿时要反映出数量、单价和金额信息。如表 4-2-2 所示。

表 4-2-2　数量金额式账簿

最高储量
最低储量　　　　　　　　　　　　　　　　单位　　　名称
编号　　　规格

年		凭证		摘要	对方科目	借方											贷方											借或贷	结存									
月	日	种类	号数			数量	单价	千	百	十	万	千	百	十	元	角	分	数量	单价	千	百	十	万	千	百	十	元	角	分		数量	单价	千	百	十	万	千	百	十	元	角	分

数量金额式账簿一般用于既要进行金额核算，又要进行数量核算的明细账登记。例如，原材料、库存商品等账户的明细账登记。

（3）多栏式账簿。是在账簿的两个基本栏目借方和贷方按照需要分设若干个专栏的账簿。适用于收入、成本、费用、利润和利润分配明细账。如"生产成本"、"管理费用"、"营业外收入"、"本年利润"等账户的明细分类核算。多栏式明细账有多种形式，常用多栏式账页如表 4-2-3 所示，不设方向栏，但根据实际的需要设若干小栏，详细记载交易和事项的变动情况。多栏式明细账一般用于：① 成本、费用明细账；② 收入明细账。

表 4-2-3　多栏式账簿
明细分类账

年		凭证		摘要	对应科目	千	百	十	万	千	百	十	元	角	分	千	百	十	万	千	百	十	元	角	分	千	百	十	万	千	百	十	元	角	分	千	百	十	万	千	百	十	元	角	分
月	日	字	号																																										

注意：选用何种账页登记，最重要的是根据交易和事项的特点以及本单位经营管理的需要。

想一想

卡片账和活页账有什么区别？三栏式账页和多栏式账页又有什么区别？

任务实施

（1）要求学生了解会计账簿的概念及内容与分类。

（2）熟悉企业常用的会计账簿；熟悉账簿的基本结构。

任务二　登记账簿

任务描述

小萌对账簿有了基本认识以后，王会计就开始教小萌如何登记会计账簿了。我们现在跟随小萌一起来学习一下吧。

知识平台

王会计对小萌说："要学习怎么登记账簿，首先要知道账簿的登记规则。"

一、账簿的登记规则

登记账簿是会计核算中的一项重要工作，它是编制会计报表的重要基础，为保证账簿的记录真实完整，准确反映所发生的交易和事项，应由专人登记账簿，登记过程中需遵循有关规则。

小链接

登账前要认真审核会计凭证（原始凭证和记账凭证）。

《会计法》第十五条：会计账簿登记，必须以经过审核的会计凭证为依据。

依据《会计基础工作规范》的规定，登账规则如下：

（1）登记账簿时，应当从会计凭证日期开始登记，先登记凭证的日期，然后登记编号，摘要部分要按照凭证所记抄下来，然后将金额等这些资料逐一地记入账簿内，同时记账人员要在记账凭证的记账符号栏注明已经登账的符号（画"√"符号），防止漏记、重记和错记情况的发生，同时记账人员还要在记账凭证上签名或者盖章。如图4-2-3所示。

（2）每一种账簿要按账页的顺序进行连续登记，不得跳行、空页。如发生跳行、跳页，应将空行、空页划线注销，或者注明"此行空白"或"此页空白"字样，并应当由记账人员签名或者盖章。如图4-2-4所示。

（3）登记账簿时，要用蓝黑墨水或者碳素墨水进行书写。不得用圆珠笔或者铅笔书写。红色墨水只能用于制度规定的下列几种情况：①按红字冲销的记账凭证，冲销错误记录；②在不设减少金额栏的多栏式账页中，登记减少数；③在三栏式账户的余额栏

转账凭证

2014 年 1 月 7 日 　　　　　　　　凭证编号：转字第 15 号

摘要	会计科目		借方金额											贷方金额											记账符号
	总账科目	明细科目	亿	千	百	十	万	千	百	十	元	角	分	亿	千	百	十	万	千	百	十	元	角	分	
收到固定资产投资		固定资产		1	0	0	0	0	0	0	0	0													√
		实收资本													1	0	0	0	0	0	0	0	0		√
	合计			¥	1	0	0	0	0	0	0	0	0		¥	1	0	0	0	0	0	0	0	0	

会计主管：王超　　　　记账：苏一　　　　审核：赵山　　　　制单：李平

图 4-2-3　记账凭证中的记账符号

记账人员签名　　　　　此为红线

应收账款明细账

2014 年		凭证		摘要	借方											贷方											借或贷	余额										
月	日	字	号		亿	千	百	十	万	千	百	十	元	角	分	亿	千	百	十	万	千	百	十	元	角	分		亿	千	百	十	万	千	百	十	元	角	分
				李平																																		

图 4-2-4　注销空白页

前，如果没有印有余额方向的，在余额栏内登记负数金额；④会计制度中规定用红字登记的其他记录。

（4）在进行账簿登记时，账面要保持整洁、干净；书写要清楚、规范，书写时一般贴近空格底部填写，留有改错的空间。登记账簿时不能写错别字，金额数字不得连写。书写文字、数字时，不得占满格，紧贴本行底线，一般占行高的1/2，上方留出空格以备改错，如图 4-2-5 所示。

（5）凡是需要结出余额的账户，应当定期结出余额。现金日记账和银行存款日记账必须每天结出余额。结出余额后，应该在"借或贷"栏内写明"借"或"贷"的字样。没有余额的账户，应在该栏内写"平"字并在余额栏"元"位上用"0"表示。

现将具体登记列示如下：

第一种情况：有余额时，如图 4-2-6 所示。

注意：借方余额标"借"，贷方余额标"贷"。

第二种情况：无余额时，如图 4-2-7 所示。

文字、数字靠下线书写，占行高1/2，留出空白以备改错

应收账款明细账

2014年 月	日	凭证 字	号	摘要	借方 亿千百十万千百十元角分	贷方 亿千百十万千百十元角分	借或贷	余额 亿千百十万千百十元角分
1	1			期初余额			借	1 5 0 0 0 0 0 0
	5			销售商品	3 4 0 0 0 0		借	1 8 4 0 0 0 0

图 4-2-5　账簿的书写要求

"借或贷"栏

应收账款明细账

2014年 月	日	凭证 字	号	摘要	借方 亿千百十万千百十元角分	贷方 亿千百十万千百十元角分	借或贷	余额 亿千百十万千百十元角分
1	1			期初余额			借	1 5 0 0 0 0 0 0
	5			销售商品	3 4 0 0 0 0		借	1 8 4 0 0 0 0
	10			收回货款		1 0 0 0 0 0 0 0	借	8 4 0 0 0 0
	31			本月合计	3 4 0 0 0 0	1 0 0 0 0 0 0 0	借	8 4 0 0 0 0

标明方向"借"　　结出余额

图 4-2-6　有余额情况下账簿的登记

"借或贷"栏

其他业务收入明细账

2014年 月	日	凭证 字	号	摘要	借方 亿千百十万千百十元角分	贷方 亿千百十万千百十元角分	借或贷	余额 亿千百十万千百十元角分
1	5			销售材料		2 3 0 0 0 0 0	贷	2 3 0 0 0 0
	31			期末结转	2 3 0 0 0 0		平	0
	31			本月合计	2 3 0 0 0 0	2 3 0 0 0 0 0	平	0

无余额，写"平"　　无余额，在元位写"0"

图 4-2-7　无余额情况下账簿的登记

（6）每登记满一张账页需要结转下一页时，应当计算出本页合计数和余额，写在本页的最后一行和下页第一行的有关栏内，并在本页最后一行的摘要栏内注明"过次

页"字样,在下一页第一行的摘要栏内注明"承前页"字样。如图 4-2-8 和图 4-2-9 所示。

应付账款明细账

2014年		凭证		摘要	借方										贷方										借或贷	余额									
月	日	字	号		亿	千	百	十	万	千	百	十	元	角	分	亿	千	百	十	万	千	百	十	元	角	分		亿	千	百	十	万	千	百	十	元	角	分
				⋮																																		
	5			购买材料														2	3	0	0	0	0	0	0		贷				4	3	0	0	0	0	0
	10			偿还货款				2	0	0	0	0	0	0													贷				2	3	0	0	0	0	0
				⋮																																	
	15			过次页				3	0	0	0	0	0	0				6	5	0	0	0	0	0		贷				5	5	0	0	0	0	0

每一页最后一行,标明"过次页" | 本页借方合计数 | 本页贷方合计数 | 本页余额数

图 4-2-8 过次页

每一页第一行标明"承前页"

应付账款明细账

2014年		凭证		摘要	借方										贷方										借或贷	余额									
月	日	字	号		亿	千	百	十	万	千	百	十	元	角	分	亿	千	百	十	万	千	百	十	元	角	分		亿	千	百	十	万	千	百	十	元	角	分
1	15			承前页				3	0	0	0	0	0	0				6	5	0	0	0	0	0		贷				5	5	0	0	0	0	0

图 4-2-9 承前页

(7)会计账簿记录如果有错误的,应当按照规定的办法进行更正,不允许用涂改、刮擦、挖补、药水消除字迹等手段更正错误。

小链接

发生错账时,不按照规定的方法更正,都属于违反《会计法》的行为。

二、账簿的登记方法

小萌在前面的学习中已经对账簿有了基本的了解,并知道账簿有不同的分类和登记方法,但是如何来登记账簿呢?它们的登记方法一样吗?

"由于经济业务的多样性,登账时我们会根据不同的经济业务选择不同的账簿进行

登记，登记方法自然也不一样。"王会计解释道。

（一）日记账的登记

日记账是按照经济业务发生的时间顺序，逐日逐笔顺序进行登记的账簿，目前在实际工作中，登记的日记账是特种日记账，即"现金日记账"和"银行存款日记账"。

日记账的开设基本要求：

（1）账簿外表 —— 选用订本式账簿。

（2）账页形式 —— 一般采用三栏式账页。

（3）登账人员 —— 必须是出纳人员启用并登记账簿。

1. 现金日记账的登记

现金日记账的格式见表4-2-4。

表 4-2-4　库存现金日记账

年		凭证		对方科目	摘要	借方											贷方											余额										
月	日	字	号			亿	千	百	十	万	千	百	十	元	角	分	亿	千	百	十	万	千	百	十	元	角	分	亿	千	百	十	万	千	百	十	元	角	分

现金日记账的登账依据 —— 根据审核无误的涉及"库存现金"业务的收付款记账凭证进行登记。

从表4-2-4中空白"库存现金日记账"的账页可看出，我们需要填列的是以下几项（从左到右）：

日期：与入账记账凭证日期一致。

凭证字号：与入账记账凭证号数一致。

对方科目：指在入账凭证中与"库存现金"有对应关系的会计科目。

借方：根据入账记账凭证中"库存现金"账户借方金额填写。

贷方：根据入账记账凭证中"库存现金"账户贷方金额填写。

余额：指根据"库存现金"收支业务逐日逐笔结出的余额。

学习了日记账的登记方法后，王会计拿出了宏达公司2014年1月的现金日记账让小萌练习登记。

宏达公司2014年1月1日，上年结转库存现金期初余额为800元，期初余额的入账如表4-2-5所示。

表 4-2-5 现金日记账期初余额的登记

库存现金日记账

2014年		凭证		对方科目	摘要	借方										贷方										余额									
月	日	字	号			亿	千	百	十	万	千	百	十	元	角	分	亿	千	百	十	万	千	百	十	元	角	分	亿	千	百	十	万	千	百	十	元	角	分
1	1				上年结转																											8	0	0	0	0

本月宏达公司发生业务如下：

（1）1月1日，从银行提取现金4000元作备用金。应编制银行存款付款凭证，凭证号数"银付第1号"，凭证如表4-2-6所示。

表 4-2-6

付款凭证

贷方科目：银行存款　　　　　　2014年1月1日　　　　　　凭证编号：银付第1号

对方单位	摘要	借方科目		金额											记账符号
		总账科目	明细科目	亿	千	百	十	万	千	百	十	元	角	分	
略	提取现金	库存现金						4	0	0	0	0	0		
结算方式及票号：		合计金额					￥	4	0	0	0	0	0		

附凭证1张

会计主管：王超　　　　记账：苏一　　　　审核：赵山　　　　制单：李平

根据银付第1号凭证登记现金日记账如表4-2-7所示。

表 4-2-7 库存现金日记账

2014年		凭证		对方科目	摘要	借方										贷方										余额									
月	日	字	号			亿	千	百	十	万	千	百	十	元	角	分	亿	千	百	十	万	千	百	十	元	角	分	亿	千	百	十	万	千	百	十	元	角	分
1	1				上年结转																											8	0	0	0	0
	1	银付	1	银行存款	提取现金					4	0	0	0	0	0																4	8	0	0	0	0

（2）1月2日，公司销售人员出差预借差旅费1200元，以现金支付。

该笔业务应编制现金付款凭证，凭证号数为"现付第1号"，以分录形式表述如下：

借：其他应收款　　　　　　　　　1200

　　贷：库存现金　　　　　　　　　　　1200

（3）1月3日，公司以现金500元购买办公用品。

该笔业务应编制现金付款凭证，凭证号数为"现付第2号"，以分录形式表述如下：

借：管理费用　　　　　　　　　　500

　　贷：库存现金　　　　　　　　　　　500

（4）1月5日，收到门面租金现金10000元。

该笔业务应编制现金收款凭证，凭证号数为"现收第1号"，以分录形式表述如下：

借：库存现金　　　　　　　　　10000

　　贷：其他业务收入　　　　　　　　　10000

（5）1月5日，将现金10000元送存银行。

该笔业务应编制现金付款凭证，凭证号数为"现付第3号"，以分录形式表述如下：

借：银行存款　　　　　　　　　10000

　　贷：库存现金　　　　　　　　　　　10000

假定本月宏达公司无其他与"库存现金"相关的经济业务，则根据以上业务登记后的"现金日记账"如表4-2-8所示。

表4-2-8　库存现金日记账

2014年		凭证		对方科目	摘要	借方										贷方										余额									
月	日	字	号			亿	千	百	十	万	千	百	十	元	角	分	亿	千	百	十	万	千	百	十	元	角	分	亿	千	百	十	万	千	百	十	元	角	分
1	1				上年结转																											8	0	0	0	0
1	1	银付	1	银行存款	提取现金				4	0	0	0	0	0																	4	8	0	0	0	0
1	2	现付	1	其他应收款	职工预借差旅费															1	2	0	0	0	0					3	6	0	0	0	0
1	3	现付	2	管理费用	购买办公用品																5	0	0	0	0					3	1	0	0	0	0
1	5	现收	1	其他业务收入	收取门面租金				1	0	0	0	0	0	0														1	3	1	0	0	0	0
	5	现付	3	银行存款	送存现金															1	0	0	0	0	0	0					3	1	0	0	0	0
1	31				本月合计				1	4	0	0	0	0	0					1	1	7	0	0	0	0					3	1	0	0	0	0

登记现金日记账时要注意以下三点：①"上年结转"或"期初余额"只在新年度的一月做，或是新开账簿的第一个月做。②在本月登账完毕后，进行"本月合计"，并在合计数下画一条单红线。③登完一个月的账后，连续地登记下个月的账。

2. 银行存款日记账的登记

银行存款日记账的登记方法与现金日记账的登记方法基本一致。唯一的区别是银行存款日记账要多登记一项内容"结算方式",如表 4-2-9 所示。

表 4-2-9　银行存款日记账

年		凭证		对方科目	摘要	结算方式		借方											贷方											余额										
月	日	字	号			类别	票号	亿	千	百	十	万	千	百	十	元	角	分	亿	千	百	十	万	千	百	十	元	角	分	亿	千	百	十	万	千	百	十	元	角	分
																																	8	0	0	0	0

结算方式包括:

（1）类别。是指与银行存款增减有关的银行票据的类别,如现金支票、转账支票等。

（2）票号。是指与银行存款增减有关的银行票据的号码,如现金支票上的号码、转账支票上的号码等。

【例 4-2-1】　根据图 4-2-10 和银行存款增减有关的银行票据填写结算方式。

图 4-2-10　转账支票

则在账页中"结算方式"栏应填写:

类别:转账支票　　　　　票号:02218504

（二）分类账的登记

1. 总分类账的登记

总分类账简称总账,是根据总分类账户开设的账簿,用以反映某一账户总体经济业务信息,总分类账的格式如表 4-2-10 所示。

表 4-2-10　总分类账

年		凭证		摘要	借方											贷方											借或贷	余额										
月	日	字	号		亿	千	百	十	万	千	百	十	元	角	分	亿	千	百	十	万	千	百	十	元	角	分		亿	千	百	十	万	千	百	十	元	角	分

总分类账的账簿要求：

（1）账簿外表。订本式账簿、活页式账簿均可。

（2）账页形式。三栏式。

（3）总分类账的登账依据。根据本单位所采用的会计核算程序，分别以记账凭证、科目汇总表、汇总记账凭证为登账依据。

2. 明细分类账的登记

明细分类账简称明细账，是根据明细分类账户开设的账簿，用以反映某一特定明细账户所涉及的经济业务的详细信息。

明细分类账的登账要求：

（1）账簿外表。活页式账簿。

（2）账页形式。依据经济业务不同分为三栏式明细账、数量金额式明细账和多栏式明细账。

（3）登账依据。根据审核无误的记账凭证、原始凭证或汇总记账凭证，按时间先后顺序逐笔进行登记。

以下按账页形式的不同逐一讲解。

表 4-2-11　明细分类账

明细科目：

年		凭证		摘要	对应科目	借方											贷方											借或贷	余额										
月	日	字	号			亿	千	百	十	万	千	百	十	元	角	分	亿	千	百	十	万	千	百	十	元	角	分		亿	千	百	十	万	千	百	十	元	角	分

（1）三栏式明细账的登记方法。三栏式明细账账页格式与总分类账基本一致，如表4-2-11所示。

由表4-2-11可知：

三栏式明细账适用范围——只进行金额核算的会计账户，因为三栏式明细账只反映出增减金额及余额。如"应收账款"、"其他应收款"、"短期借款"、"应付账款"等。

三栏式明细账的具体登记方法：

明细科目：根据明细分类账户名称填写。

日期、凭证字号、摘要：与入账记账凭证一致。

对应科目：依据入账凭证上与之有对应关系的会计科目填写。

借方：根据入账记账凭证中的借方金额登记。

贷方：根据入账记账凭证中的贷方金额登记。

余额：根据账户的性质，计算填写。

学习了三栏式明细分类账的登记方法后，王会计拿出了宏达公司2014年1月的明细分类账让小萌练习登记。

【例4-2-2】 宏达公司有"应付账款——昌平公司"账户，1月1日，上年结转金额为15000元，本月发生如下经济业务（省略相关会计凭证）：

1月2日，购买材料，发生应付账款3000元；

1月5日，以银行存款偿还货款7000元；

1月10日，购买材料，发生应付账款4500元。

假定本月无其他与本账户相关的业务，依据资料登记三栏式明细账如表4-2-12所示。

表 4-2-12 应付账款 明细分类账

明细科目：昌平公司

2014年		凭证		摘要	对应科目	借方											贷方											借或贷	余额										
月	日	字	号			亿	千	百	十	万	千	百	十	元	角	分	亿	千	百	十	万	千	百	十	元	角	分		亿	千	百	十	万	千	百	十	元	角	分
1	1			上年结转																								贷					1	5	0	0	0	0	0
	2	转	1	购买材料	原材料																	3	0	0	0	0	0	贷					1	8	0	0	0	0	0
	5	银付	3	偿还货款	银行存款						7	0	0	0	0	0												贷					1	1	0	0	0	0	0
	10	转	6	购买材料	原材料																	4	5	0	0	0	0	贷					1	5	5	0	0	0	0
	31			本月合计							7	0	0	0	0	0						7	5	0	0	0	0	贷					1	5	5	0	0	0	0

（2）数量金额式明细账的登记方法。数量金额式明细账账页格式如表4-2-13所示。

在表4-2-13所示的账页中，收入（借方）、发出（贷方）、结存（余额）三栏下都

表 4-2-13 明细分类账

类别：　　　　　　　　　品名或规格：　　　　　　　　　编号：
储备定额：　　　　　　　存放地点：　　　　　　　　　　计量单位：

2014年		凭证		摘要	对应科目	收入（借方）											发出（贷方）											结存（余额）										
月	日	字	号			数量	单价	金额									数量	单价	金额									数量	单价	金额								
								百	十	万	千	百	十	元	角	分			百	十	万	千	百	十	元	角	分			百	十	万	千	百	十	元	角	分

设置了三小栏，分别是数量、单价、金额。

数量金额式明细账适用范围——既需要进行金额核算，又需要进行数量核算的会计账户。主要适用于资产类中存货部分，如"原材料"、"库存商品"等明细账户的核算。

数量金额式明细账的具体登记方法：

表头部分：表格以上部分称为表头部分，依据入账存货的相关信息填写。

日期、凭证字号、摘要、对应科目：依据入账记账凭证填写。

收入（借方）
　数量：依据存货入库的入库单填写
　单价：依据存货入库的入库单填写
　金额：根据"数量×单价"计算填写

发出（贷方）
　数量：依据存货出库的出库单填写
　单价：依据存货出库方法确定的价格填写
　金额：根据"数量×单价"计算填写

结存（余额）：数量、单价、金额依据账户性质计算填写。

学习了数量金额式明细账的登记方法后，王会计拿出了宏达公司 2014 年 1 月的库存商品明细分类账让小萌练习登记。

【例 4-2-3】　宏达公司库存商品有多种品种，其中一种产品是"普硅酸盐 325 水泥"，假定给出相关信息如下：

品名：普硅酸盐 325　　　类别：水泥　　　编号：101
储备定额：400 袋　　　　存放地点：1 号库　　计量单位：袋

该公司 1 月 1 日，上年结转的余额是 450 袋，单价 16 元。

1 月与普硅酸盐 325 水泥有关的进出库信息如下（假定出入库价格不变，省略相关会计凭证）：

1 月 2 日，入库 300 袋，单价 16 元；

1 月 5 日，出库 200 袋，单价 16 元；

1 月 16 日，出库 400 袋，单价 16 元；

1月25日，入库150袋，单价16元。

假定1月无其他与普硅酸盐325水泥相关的业务，则登记相关明细账如表4-2-14所示。

表 4-2-14　库存商品明细分类账

类别：水泥　　　　　　　　品名或规格：普硅酸盐325　　　　　　　　编号：101
储备定额：400袋　　　　　　存放地点：1号库　　　　　　　　计量单位：袋

2014年		凭证		摘要	对应科目	收入（借方）										支出（贷方）										结存（余额）									
月	日	字	号			数量	单价	金额									数量	单价	金额								数量	单价	金额							
								百	十	万	千	百	十	元	角	分			百	十	万	千	百	十	元	角	分			百	十	万	千	百	十	元	角	分
1	1			上年结转																								450	16				7	2	0	0	0	0
	2	转	4	完工入库	生产成本	300	16				4	8	0	0	0	0											750	16			1	2	0	0	0	0
	5	转	8	销售出库	主营业务成本												200	16				3	2	0	0	0	0	550	16				8	8	0	0	0
	16	转	20	销售出库	主营业务成本												400	16				6	4	0	0	0	0	150	16				2	4	0	0	0
	25	转	30	完工入库	生产成本	150	16				2	4	0	0	0	0											300	16				4	8	0	0	0
	31			本月合计		450	16				7	2	0	0	0	0	600	16				9	6	0	0	0	0	300	16				4	8	0	0	0

（3）多栏式明细账的登记方法。多栏式明细账属于比较复杂的一种明细账，一般有表4-2-15至表4-2-18四种格式。

表 4-2-15　借方多栏式明细账
明细分类账

年		凭证		摘要	借方																								贷方										余额									
月	日	字	号																					合计																								
					十	万	千	百	十	元	角	分	十	万	千	百	十	元	角	分	十	万	千	百	十	元	角	分	十	万	千	百	十	元	角	分	十	万	千	百	十	元	角	分

下面主要介绍表4-2-18所示的"通用多栏式明细账"。

多栏式明细账的适用范围——某些下设有多个明细项目的账户，就可以把这些明细项目全部集中到多栏式账页中一起登记。一般用于成本费用类、收入类账户。

多栏式明细账的登记要求：

表 4-2-16 贷方多栏式明细账

_____明细分类账

年		凭证		摘要	借方							贷方																		合计							余额						
月	日	字	号		十	万	千	百	十	元	角	分	十	万	千	百	十	元	角	分	十	万	千	百	十	元	角	分	十	万	千	百	十	元	角	分	十	万	千	百	十	元	角	分

表 4-2-17 借贷方多栏式明细账

_____明细分类账

年		凭证		摘要	对应科目	借方																		合计							贷方																		合计							余额						
月	日	字	号			十	万	千	百	十	元	角	分	十	万	千	百	十	元	角	分	十	万	千	百	十	元	角	分	十	万	千	百	十	元	角	分	十	万	千	百	十	元	角	分	十	万	千	百	十	元	角	分	十	万	千	百	十	元	角	分
																略																		略																								

表 4-2-18 通用多栏式明细账

_____明细分类账

年		凭证		摘要	对应科目																																									
月	日	字	号			千	百	十	万	千	百	十	元	角	分	千	百	十	万	千	百	十	元	角	分	千	百	十	万	千	百	十	元	角	分	千	百	十	万	千	百	十	元	角	分	千	百	十	万	千	百	十	元	角	分

日期、凭证字号、摘要、对应科目等栏目的填制与其他明细账页一样。

通用多栏式明细账账页不设借贷方向，但有多个表示金额的小栏（表 4-2-18 中给出的小栏只有五个，而在实际账页中小栏数目会更多）让使用者根据需要自己来设定。

例如，"管理费用"账户，一般都会核算"办公费"、"折旧费"、"修理费"、"差旅费"、"工资"、"福利费"等很多内容，在实际工作中，就可以把这些内容作为多个小项，全部登记在一张多栏式账页中。

学习了多栏式明细账的登记方法后，王会计拿出了宏达公司2014年1月的管理费用明细分类账让小萌练习登记。

【例4-2-4】 宏达公司损益类科目"管理费用"，假定核算内容主要包括"办公费"、"折旧费"、"工资"等。1月发生如下经济业务（省略相关会计凭证）：

1月10日，购买办公用品，现金支付1700元；

1月15日，购买办公用品，现金支付400元；

1月31日，分配管理人员工资25000元；

1月31日，计提折旧，管理部门应负担12000元；

1月31日，期末结转管理费用，转入"本年利润"科目。

假定本月无其他涉及"管理费用"的业务，依据资料登记多栏式明细账页见表4-2-19。

表 4-2-19 管理费用明细分类账

2014年		凭证		摘要	对应科目	合计								办公费								折旧费								工资								略								
月	日	字	号			十	万	千	百	十	元	角	分	十	万	千	百	十	元	角	分	十	万	千	百	十	元	角	分	十	万	千	百	十	元	角	分	十	万	千	百	十	元	角	分
1	10	现付	15	购买办公用品	库存现金			1	7	0	0	0	0			1	7	0	0	0	0																	…		…					
	15	现付	20	购买办公用品	库存现金				4	0	0	0	0				4	0	0	0	0																	…		…					
	31	转	30	分配工资	应付职工薪酬		2	5	0	0	0	0	0																	2	5	0	0	0	0	0	…		…					
	31	转	32	计提折旧	累计折旧		1	2	0	0	0	0	0										1	2	0	0	0	0	0									…		…					
	31	转	35	期末损益结转	本年利润		3	9	1	0	0	0	0			2	1	0	0	0	0		1	2	0	0	0	0	0		2	5	0	0	0	0	0	…		…					
	31			本月合计			3	9	1	0	0	0	0			2	1	0	0	0	0		1	2	0	0	0	0	0		2	5	0	0	0	0	0								

3. 备查账的登记

备查账又称辅助账，是针对在日记账、明细分类账、总分类账中不能反映或反映不全，而本单位又需要了解、掌握的经济信息进行补充登记的账簿。

对于备查账，我们需要知道的是：

（1）备查账主要反映的是非金额信息。例如，临时租用的固定资产，只需要付租金即可。但要建立"临时租入固定资产备查簿"来反映临时租入固定资产的相关资料，如表4-2-20所示。

（2）备查账没有统一的格式和规定，一般由本单位自行设计。因此，就不一一阐述了。

表4-2-20 临时租入固定资产备查簿

出租单位	租期	名称及规格	编号	租金	使用部门	归还日期	备注

想一想

假定宏达公司与"应收账款"相关的会计科目有如下三个，应分别开设什么账呢？

A. 应收账款　　　　B. 应收账款——平安公司　　　　C. 应收账款—— 三五厂

由分析可知：A 是总账科目，开设总分类账（总账）

　　　　　　　B、C 是明细分类科目，开设明细分类账（明细账）

该例中，应收账款作为总账科目，下设有两个明细科目，分别是"平安公司"和"三五厂"，它们之间是"包含"和"属于"的关系。

总分类账户与其所属明细分类账户怎么进行登账？小萌心生疑惑。

"运用平行登记"。王会计拍了拍发呆的小萌。

4. 平行登记

（1）平行登记的概念。平行登记是指在经济业务发生后，依据相同的会计凭证，既要登记明细分类账，同时经过汇总计算也要登记对应的总分类账。

（2）平行登记的要点。①登记的依据相同。登记明细分类账和总分类账所依据的都是相同的会计凭证。②登记的期间相同。所发生的交易、事项要在同一期间既登记明细分类账，又要登记总分类账。③登记的方向相同。所发生的交易、事项登记入账时，在明细分类账和总分类账里的方向相同，即同借方或同贷方。④登记的金额相等。将所发生的交易、事项登记入账后，总分类账上的金额应等于所属明细分类账户的金额之和。

王会计拿出了宏达公司2014年1月的原材料的相关账簿给小萌进行讲解。

【例4-2-5】　宏达公司1月初"原材料"账户上年结转金额是50000元。其中，甲材料2000千克，单价是15元；乙材料1000千克，单价是20元。

本月发生了如下经济业务，省略相关原始凭证，记账凭证以分录形式表示：

（1）1月5日，向昌平公司购买甲材料1000千克，单价15元，增值税2550元，材料验收入库，货款尚未支付（转账5号凭证）。

借：原材料——甲材料　　　　　　　　　　15000

　　应交税费——应交增值税（进项税额）　　2550

　　贷：应付账款——昌平公司　　　　　　　　　　17550

（2）1月10日，向永红厂购买甲材料500千克，单价15元；购买乙材料2000千克，单价20元，增值税8075元，材料验收入库，货款尚未支付（转账12号凭证）。

借：原材料——甲材料 　　　　　　　　　　　7500

　　　　——乙材料 　　　　　　　　　　　40000

　　应交税费——应交增值税（进项税额）　　8075

　　贷：应付账款——永红厂　　　　　　　　　55575

（3）1月15日，生产产品领用甲材料2500千克，单价15元；领用乙材料1500千克，单价20元（转账25号凭证）。

借：生产成本 　　　　　　　　　　　　　　67500

　　贷：原材料——甲材料　　　　　　　　　37500

　　　　　　——乙材料　　　　　　　　　　30000

（4）1月20日，用银行存款分别支付货款，昌平公司20000元；永红厂50000元（银付15号凭证）。

借：应付账款——昌平公司 　　　　　　　　20000

　　　　　　——永红厂 　　　　　　　　　50000

　　贷：银行存款 　　　　　　　　　　　　70000

根据上述会计凭证，对"原材料"相关账户在明细分类账户和总分类账户中进行平行登记，见表4-2-21至表4-2-23。

表 4-2-21　总分类账

账户名称：原材料

2014年		凭证		摘要	借方											贷方											借或贷	余额										
月	日	字	号		亿	千	百	十	万	千	百	十	元	角	分	亿	千	百	十	万	千	百	十	元	角	分		亿	千	百	十	万	千	百	十	元	角	分
1	1			上年结转																							借					5	0	0	0	0	0	0
	5	转	5	材料入库					1	5	0	0	0	0	0												借					6	5	0	0	0	0	0
	10	转	12	材料入库					4	7	5	0	0	0	0												借				1	1	2	5	0	0	0	0
	15	转	25	领用材料																	6	7	5	0	0	0	借					4	5	0	0	0	0	0
	31			本月合计					6	2	5	0	0	0	0						6	7	5	0	0	0	借					4	5	0	0	0	0	0

表 4-2-22　原材料明细分类账

类别：主要材料　　　　　　　品名或规格：甲材料　　　　　　　编号：

储备定额：　　　　　　　　　存放地点：　　　　　　　　　　　计量单位：千克

2014年		凭证		摘要	对应科目	收入（借方）		金额									发出（贷方）		金额									结存（余额）		金额								
月	日	字	号			数量	单价	百	十	万	千	百	十	元	角	分	数量	单价	百	十	万	千	百	十	元	角	分	数量	单价	百	十	万	千	百	十	元	角	分
1	1			上年结转																								2000	15			3	0	0	0	0	0	0
	5	转	5	材料入库	应付账款	1000	15			1	5	0	0	0	0	0												3000	15			4	5	0	0	0	0	0
	10	转	12	材料入库	应付账款	500	15				7	5	0	0	0	0												3500	15			5	2	5	0	0	0	0
	15	转	25	领用材料	生产成本												2500	15			3	7	5	0	0	0	0	1000	15			1	5	0	0	0	0	0
	31			本月合计		1500	15			2	2	5	0	0	0	0	2500	15			3	7	5	0	0	0	0	1000	15			1	5	0	0	0	0	0

表 4-2-23 原材料明细分类账

类别：主要材料　　　　　　　品名或规格：乙材料　　　　　　　编号：
储备定额：　　　　　　　　　存放地点：　　　　　　　　　　　计量单位：千克

2014年		凭证		摘要	对应科目	收入（借方）			发出（贷方）			结存（余额）		
月	日	字	号			数量	单价	金额 百十万千百十元角分	数量	单价	金额 百十万千百十元角分	数量	单价	金额 百十万千百十元角分
1	1			上年结转								1000	20	2 0 0 0 0 0
	10	转	12	材料入库	应付账款	2000	20	4 0 0 0 0 0				3000	20	6 0 0 0 0 0
	15	转	25	领用材料	生产成本				1500	20	3 0 0 0 0 0	1500	20	3 0 0 0 0 0
	31			本月合计		2000	20	4 0 0 0 0 0	1500	20	3 0 0 0 0 0	1500	20	3 0 0 0 0 0

原材料　　　　　　　总分类账户　　　　选用三栏式账页

原材料——甲材料　　明细分类账户　　选用数量金额式账页

原材料——乙材料　　明细分类账户　　选用数量金额式账页

注意：总分类账的登记有三种方法，此处登记采用"记账凭证账务处理程序"下的登记方法。

任务实施

（1）根据上述经济业务对应付账款及其所属明细账户进行平行登记。

（2）设应付账款账户1月初上年结转金额25000元，其中应付昌平公司15000元；应付永红厂10000元。

应付账款　　　　　　　总分类账户　　　　选用三栏式账页

应付账款——昌平公司　明细分类账户　　选用三栏式明细账页

应付账款——永红厂　　明细分类账户　　选用三栏式明细账页

（3）应付账款及其所属明细账户如表4-2-24至表4-2-26所示。

表 4-2-24 总分类账

账户名称：应付账款

年		凭证		摘要	借方	贷方	借或贷	余额
月	日	字	号		亿千百十万千百十元角分	亿千百十万千百十元角分		亿千百十万千百十元角分

表 4-2-25 应付账款明细分类账

明细科目：昌平公司

年		凭证		摘要	对应科目	借方											贷方											借或贷	余额										
月	日	字	号			亿	千	百	十	万	千	百	十	元	角	分	亿	千	百	十	万	千	百	十	元	角	分		亿	千	百	十	万	千	百	十	元	角	分

表 4-2-26 应付账款明细分类账

明细科目：永红厂

年		凭证		摘要	对应科目	借方											贷方											借或贷	余额										
月	日	字	号			亿	千	百	十	万	千	百	十	元	角	分	亿	千	百	十	万	千	百	十	元	角	分		亿	千	百	十	万	千	百	十	元	角	分

（4）总账和明细账的核对。对总分类账户和明细分类账户平行登记后，总分类账户和明细分类账户之间就有了特定的数量关系。

1）总分类账户的期初余额等于所属明细分类账户的期初余额之和。

2）总分类账户借方发生额等于所属明细分类账户的借方发生额之和。

3）总分类账户贷方发生额等于所属明细分类账户的贷方发生额之和。

4）总分类账户的期末余额等于所属明细分类账户的期末余额之和。

那么，平行登记后，如何核对总分类账户和明细分类账户是否满足上述的数量关系呢？

要通过编制"本期发生额及余额表"来进行核对，根据【例 4-2-5】编制的"原材料"明细账户本期发生额及余额表如表 4-2-27 所示。

将表 4-2-27 中的合计数分别与"原材料"总分类账中的合计数进行核对，如果完全相等，则说明平行登记正确，不相等，则说明错误，应及时查找原因并更正。

表 4-2-27 "原材料"明细账户本期发生额及余额表

明细分类账户名称	单价	期初余额		本期发生额				期末余额	
				收入（借方）		发出（贷方）			
		数量	金额	数量	金额	数量	金额	数量	金额
甲材料	15	2000	30000	1500	22500	2500	37500	1000	15000
乙材料	20	1000	20000	2000	40000	1500	30000	1500	30000
合计			50000		62500		67500		45000

任务三　对账与结账

任务描述

小萌学习了各种账簿的登记方法，可是这样就能保证所登记在账簿上的内容一定是真实、准确、完整地反映一段时期内单位的经济业务吗？怎样来核实账簿登记的内容呢？

知识平台

一、对账

（一）对账的意义

对账就是核对账簿登记是否真实、正确、完整。

账簿是编制会计报表的主要依据，因此为保证能为编制会计报表提供真实可靠的数据，我们一般要在期末结账之前进行对账工作。

想一想

期末是什么时候？

（二）对账的内容

（1）账证核对。账是指账簿。证是指会计凭证（原始凭证和记账凭证）。

账证核对就是账簿与会计凭证（记账凭证和原始凭证）之间进行核对，保证账簿的登记内容与会计凭证上反映的内容一致。

（2）账账核对。账账核对是指相互有对应关系的账簿之间进行核对。

1）总账与日记账核对。包括库存现金总分类账与现金日记账、银行存款总分类账与银行存款日记账的核对。

对于期初余额、本期借方发生额、本期贷方发生额、期末余额都满足以下等式：

库存现金总分类账金额 = 现金日记账金额

银行存款总分类账金额＝银行存款日记账金额

2）总账与所属明细账核对。期初余额、本期借方发生额、本期贷方发生额、期末余额都满足以下等式：

总分类账金额＝所属明细分类账金额之和

3）财务部门账簿与有关部门账簿核对。财务部门账簿金额与有关部门账簿金额满足以下等式：

财务部门涉及各项财产物资的明细账簿记录＝财产物资保管和使用部门的相关数据记录

例如，财务部门固定资产明细账中记录的数据要与固定资产管理部门记录的数据相等。

（3）账实核对。账实核对主要核对单位的各种财产物资及债务与实际数是否相符。

单位的财产物资主要包括现金、银行存款、各种债权、存货、固定资产等。

各种账簿记录与财产物资的实际数要满足以下要求：

现金日记账余额＝库存现金实存数

银行存款日记账余额＝银行对账单上的记录

各种债权、债务明细账上的余额＝债务人、债权人的记录

存货、固定资产明细账余额＝存货、固定资产实际数

小链接

进行账实核对实际上就是做财产清查。

（三）试算平衡

试算平衡是指在借贷记账法下，依据记账规则和会计恒等式检查账户记录是否正确的一种方法。

1. 试算平衡公式

我们都知道，在借贷记账法下，编制每一张记账凭证的时候，都依据记账规则："有借必有贷，借贷必相等"，这样的话，一个期间的业务处理完毕，一定满足平衡关系一：

所有账户本期借方发生额合计数＝所有账户本期贷方发生额合计数

而期末结账后，由于会计恒等关系"资产＝负债＋所有者权益"，所以会满足平衡关系二：

所有账户的借方期末合计数＝所有账户的贷方期末合计数

而本期的期末数就是下一期的期初数，自然，上一期的期末数就是本期的期初数，因此，必然满足平衡关系三：

所有账户的借方期初合计数＝所有账户的贷方期初合计数

上述的三个平衡关系就是我们常说的"试算平衡公式"，归纳为：

（1）发生额平衡公式：

所有账户本期借方发生额合计数＝所有账户本期贷方发生额合计数

（2）余额平衡公式：

所有账户的借方期末合计数＝所有账户的贷方期末合计数

所有账户的借方期初合计数＝所有账户的贷方期初合计数

试算平衡一般在月末进行，为简化工作，一般会编制如表 4-2-28 所示的试算平衡表。

表 4-2-28　试算平衡表

账户名称	期初余额		本期发生额		期末余额	
	借方	贷方	借方	贷方	借方	贷方
合计						

也可以分开编制"发生额试算平衡表"和"余额试算平衡表"，"发生额试算平衡表"如表 4-2-29 所示。

表 4-2-29　发生额试算平衡表

账户名称	本期发生额	
	借方	贷方
银行存款		70000
原材料	62500	67500
生产成本	67500	
应付账款	70000	73125
应交税费	10625	
合计	210625	210625

2. 试算平衡注意事项

在进行账账核对时，试算平衡也是验证账簿登记是否正确的一种方法。但是，试算平衡并不能保证所有账簿登记正确，因为有些错误并没有影响记账规则，自然也不会影响试算平衡。如以下的错误：

（1）漏记或多记交易、事项。

（2）记账方向相反。

（3）填制会计凭证时用错会计科目。

（4）填制会计凭证时借贷金额同时错误。

所以，即使试算平衡，我们也要进行其他的检查工作，保证账簿登记完全正确。

（四）错账更正

在对账过程中，会遇到账簿记录错误，对于不同的错误有不同的更正方法，更正方法主要有以下三种：

1. 划线更正法

适用于结账前，记账凭证正确，但过到账簿时账簿记录错误。

具体做法：

（1）将错误的文字或数字（整个数字）划一条红线注销，切记不能只划错误的部分数字。

（2）将正确的文字或数字用蓝字写在划线上端，并由记账人员在更正处盖章，以明确责任。

王会计拿出了一张少记了金额的记账凭证让小萌练习划线更正法。

【例4-2-6】 根据记账凭证登记账簿时，记账凭证上借方金额是12000元，入账时登记错误，登记成10200元。用划线更正法更正错账如图4-2-11所示。

摘 要	借方											贷方										
	亿	千	百	十	万	千	百	十	元	角	分	亿	千	百	十	万	千	百	十	元	角	分
偿还货款					1	2	0	0	0	0												
					1	0	2	0	0	0												

图4-2-11 划线更正法

2. 红字更正法

红字更正法也称红字冲销法，适用于两种情况：

（1）记账后，发现记账凭证的填制出现会计科目错误或记账方向相反，采用红字更正法更正。具体做法：

第一步：对原错误凭证做红字冲销凭证，并依据红字冲销凭证登记账簿，账簿中的金额也为红字。"红字冲销凭证"是指和原有凭证一模一样，但金额为红字的凭证。

第二步：做一张正确的蓝字凭证，依据正确凭证入账。

王会计拿出了一张宏达公司会计科目和方向有误的记账凭证让小萌练习红字更正法。

【例4-2-7】 2014年1月12日，宏达公司用银行存款支付货款10000元，填制记账凭证时误填为表4-2-30所示的凭证，并且已登记入账。

1月31日发现记账错误，用红字更正法进行更正操作（注意摘要部分内容）：

①做红字冲销凭证（见表4-2-31）。

②根据该冲销凭证登记"银行存款日记账"和"应收账款明细分类账"。以"应收账款明细分类账"为例（见表4-2-32）。

表 4-2-30　付款凭证

贷方科目：银行存款　　　　　　　2014 年 1 月 12 日　　　　　　　凭证编号：银付第 13 号

对方单位	摘要	借方科目		金额											记账符号
		总账科目	明细科目	亿	千	百	十	万	千	百	十	元	角	分	
略	偿还货款	应收账款				1	0	0	0	0	0	0	0	0	√
结算方式及票号：转 15273		合计金额					¥	1	0	0	0	0	0	0	

附凭证 2 张

会计主管：王超　　　　记账：苏一　　　　审核：赵山　　　　制单：李平

表 4-2-31　付款凭证

贷方科目：银行存款　　　　　　　2014 年 1 月 31 日　　　　　　　凭证编号：银付第 37 号

对方单位	摘要	借方科目		金额											记账符号
		总账科目	明细科目	亿	千	百	十	万	千	百	十	元	角	分	
略	冲销 1 月 12 日银付 13 号凭证	应收账款						1	0	0	0	0	0	0	√
结算方式及票号：转 15273		合计金额						¥	1	0	0	0	0	0	0

附凭证 2 张

会计主管：王超　　　　记账：苏一　　　　审核：赵山　　　　制单：李平

表 4-2-32　应收账款明细分类账

2014年		凭证		摘要	对应科目	借方											贷方										借或贷	余额									
月	日	字	号			亿	千	百	十	万	千	百	十	元	角	分	亿	千	百	十	万	千	百	十	元	角	分		亿	千	百	十	万	千	百	十	元	角	分
1	1			…	…						…	…	…	…	…	…						…	…	…	…	…	…	…						…	…	…	…	…	…	…
	12	银付	13	偿还货款	银行存款				1	0	0	0	0	0	0	0																							
				⋮	⋮					⋮	⋮	⋮	⋮	⋮	⋮				⋮	⋮	⋮	⋮	⋮	⋮						⋮	⋮	⋮	⋮	⋮	⋮			
	31	银付	37	冲银付 13 号凭证	银行存款				1	0	0	0	0	0	0																								
				…	…																																		

注意：红字金额在计算中是要减去的金额，在"银行存款日记账"中也要用红字金额登记。

③ 补做一张正确的记账凭证（见表 4-2-33）。

表 4-2-33 付款凭证

贷方科目：银行存款　　　　　　2014 年 1 月 31 日　　　　　　凭证编号：银付第 38 号

对方单位	摘要	借方科目		金额										记账符号
		总账科目	明细科目	亿	千	百	十	万	千	百	十	元	角	分	
略	重做 1 月 12 日银付 13 号凭证	应付账款					1	0	0	0	0	0	0	0	√
结算方式及票号：转 15273		合计金额				¥	1	0	0	0	0	0	0	0	

附凭证 2 张

会计主管：王超　　　　记账：苏一　　　　审核：赵山　　　　制单：李平

④根据正确的记账凭证登记入账。

（2）记账后，发现记账凭证上会计科目正确，但金额错误，并且该金额大于正确金额，用红字冲销法。具体做法：

第一步：做一张红字冲销凭证，会计科目和原有凭证一样，但红字金额等于错误金额减去正确金额的差额。

第二步：根据红字冲销凭证登记入账。

王会计算出了一张宏达公司金额错误，并且该金额大于正确金额的记账凭证让小萌练习红字更正法。

【例 4-2-8】　2014 年 1 月 18 日生产领用原材料，成本是 6000 元，填制凭证时，将金额误记为 8000 元（见表 4-2-34），已登记入账。

1 月 31 日发现记账错误，用红字更正法更正错账如表 4-2-35 所示。

①做红字冲销凭证，会计科目与原记账凭证一样，但"红字金额 = 错误金额 - 正确金额"，如表 4-2-35 所示。

则本业务中：红字金额 = 8000 - 6000 = 2000（元）。

②根据上述红字冲销凭证登记有关账簿。

3. 补充登记法

记账后发现记账凭证会计科目正确，但金额错误，且金额小于正确金额，采用补充登记法更正。具体做法：

表 4-2-34　转账凭证

2014 年 1 月 18 日　　　　　　　　凭证编号：转字第 34 号

摘要	会计科目		借方金额										贷方金额										记账符号
	总账科目	明细科目	千	百	十	万	千	百	十	元	角	分	千	百	十	万	千	百	十	元	角	分	
生产领用材料	生产成本					8	0	0	0	0	0												√
	原材料																8	0	0	0	0	0	√
合计					¥	8	0	0	0	0	0				¥	8	0	0	0	0	0		

附单据 2 张

会计主管：王超　　　　记账：苏一　　　　审核：赵山　　　　制单：李平

表 4-2-35　转账凭证

2014 年 1 月 31 日　　　　　　　　凭证编号：转字第 58 号

摘要	会计科目		借方金额										贷方金额										记账符号
	总账科目	明细科目	千	百	十	万	千	百	十	元	角	分	千	百	十	万	千	百	十	元	角	分	
冲销1月18日转34号	生产成本					2	0	0	0	0	0												√
凭证多记金额	原材料																2	0	0	0	0	0	√
合计					¥	2	0	0	0	0	0				¥	2	0	0	0	0	0		

附单据 2 张

会计主管：王超　　　　记账：苏一　　　　审核：赵山　　　　制单：李平

　　第一步：补做一张蓝字凭证，会计科目与原记账凭证一样，但金额等于少记金额，即用正确金额减去错误金额的差额。

　　第二步：根据补充的蓝字凭证登记入账。

　　【例 4-2-9】　2014 年 1 月 20 日，购买办公用品，以现金支付 1000 元，填制记账凭证时，将金额误填为 100 元（见表 4-2-36），已登记入账。

表 4-2-36 付款凭证

贷方科目：库存现金　　　　　　2014 年 1 月 20 日　　　　　　凭证编号：现付第 14 号

对方单位	摘要	借方科目		金额											记账符号
		总账科目	明细科目	亿	千	百	十	万	千	百	十	元	角	分	
略	购买办公用品	管理费用								1	0	0	0	0	√
结算方式及票号：		合计金额								¥	1	0	0	0	0

附凭证 2 张

会计主管：王超　　　　记账：苏一　　　　审核：赵山　　　　制单：李平

2014 年 1 月 28 日，发现该记账错误，用补充登记法进行更正。

①做一张蓝字凭证，会计科目与原记账凭证一样，但金额等于少记金额，即：

蓝字金额 = 正确金额 − 错误金额 = 1000 − 100 = 900（元），如表 4-2-37 所示。

表 4-2-37 付款凭证

贷方科目：库存现金　　　　　　2014 年 1 月 28 日　　　　　　凭证编号：现付第 26 号

对方单位	摘要	借方科目		金额											记账符号
		总账科目	明细科目	亿	千	百	十	万	千	百	十	元	角	分	
略	补充 1 月 20 日现付	管理费用								9	0	0	0	0	√
	14 号凭证少记金额														
结算方式及票号：		合计金额								¥	9	0	0	0	0

附凭证 2 张

会计主管：王超　　　　记账：苏一　　　　审核：赵山　　　　制单：李平

② 根据上述补充凭证登记到有关账簿。

二、结账

结账是指把一定期间所发生的交易、事项全部登记到相关账簿，结算出本期发生额合计数和期末余额，并将期末余额结转到下期或新的账簿的工作，结账是会计核算工作中的一项重要内容。

结账工作都是在期末最后一天相关交易、事项结束后进行的。所以，月度、季度结账时间都是月度、季度的最后一天，年度结账都是每年的 12 月 31 日。

（一）结账的相关工作

按《会计基础工作规范》的规定，结账前应检查以下内容：

（1）应检查本期所有的经济业务是否全部填制记账凭证，并登记入账完毕。有无错记、漏记、多记，如存在错误，应在结账前按规定的错账更正方法进行更正。

（2）有需要进行期末调整的账项应进行调整。

（3）损益类账户余额全部结转到"本年利润"账户，损益类账户结转后无余额。

（二）结账的方法

结账分为月度结账（月结）、季度结账（季结）和年度结账（年结）。

1. 月度结账（月结）

（1）在本月最后一笔业务的下面一行摘要栏内写"本月合计"或"本月发生额及余额"，在借、贷、余三栏中分别结出本月借方发生额合计、贷方发生额合计和余额。

（2）在月结行下方划一条通栏单红线，表明本月结账完毕，如表 4-2-38 所示。

表 4-2-38　库存现金日记账

2014年		凭证		对应科目	摘要	借方											贷方											余额										
月	日	字	号			亿	千	百	十	万	千	百	十	元	角	分	亿	千	百	十	万	千	百	十	元	角	分	亿	千	百	十	万	千	百	十	元	角	分
1	1				上年结转																											8	0	0	0	0		
	1	银付	1	银行存款	提取现金				4	0	0	0	0	0																	4	8	0	0	0	0		
	2	现付	1	其他应收款	职工预借差旅费															1	2	0	0	0	0						3	6	0	0	0	0		
	3	现付	2	管理费用	购买办公用品																5	0	0	0	0						3	1	0	0	0	0		
	5	现收	1	其他业务收入	收取门面租金				1	0	0	0	0	0	0															1	3	1	0	0	0	0		
	5	现付	3	银行存款	送存现金															1	0	0	0	0	0	0						3	1	0	0	0	0		
	31				本月合计					1	4	0	0	0	0						1	1	7	0	0	0	0						3	1	0	0	0	0		
2	1				略																																		
					略																																		
					略																																		

单红线

注意：本月结账完毕，下月开始就可连续登账了。

2. 季度结账（季结）

（1）季结在每个季度的最后一天进行，先进行当月的月结。

（2）在月结的下面一行摘要栏内写"本季累计"或"本季发生额及余额"，在借、贷、余三栏中分别结出本季度的借方发生额合计、贷方发生额合计和余额。

（3）在季结行下方划一条通栏单红线，表明本季结账完毕，如表 4-2-39 所示。

表 4-2-39　库存现金日记账

2014年		凭证		对应科目	摘要	借方											贷方											余额										
月	日	字	号			亿	千	百	十	万	千	百	十	元	角	分	亿	千	百	十	万	千	百	十	元	角	分	亿	千	百	十	万	千	百	十	元	角	分
1	1				上年结转																														8	0	0	0	0
	1	银付	1	银行存款	提取现金						4	0	0	0	0	0																	4	8	0	0	0	0
					⋮					⋮			⋮								⋮			⋮									⋮			⋮		
	5	现付	3	银行存款	送存现金																1	0	0	0	0	0	0						3	1	0	0	0	0
	31				本月合计					1	4	0	0	0	0	0					1	1	7	0	0	0	0						3	1	0	0	0	0
2	1				略					…		…									…		…									…		…				
					略					⋮		⋮									⋮		⋮									⋮		⋮				
2	29				本月合计					…		…									…		…									…		…				
3	1				略					…		…									…		…									…		…				
					略					⋮		⋮									⋮		⋮									⋮		⋮				
3	31				本月合计					…		…									…		…									…		…				
3	31				本季累计				3	8	2	5	7	9	2	0				3	7	9	8	6	5	1	0							3	5	1	4	1
4	1				略																																	

单红线

3. 年度结账（年结）

（1）在年度终了的最后一天，先进行当月的月结、最后一个季度的季结。

（2）在季结的下面一行摘要栏内写"本年累计"或"本年发生额及余额"，在借、贷、余三栏中分别结出本年度的借方发生额合计、贷方发生额合计和余额。

（3）在年结行的下方划通栏双红线。

（4）在双红线的下一行摘要栏内写"结转下年"，表明本年度结账完毕，并且将余额全部转入下年，如表 4-2-40 所示。

表 4-2-40　库存现金日记账

2014年		凭证		对应科目	摘要	借方											贷方											余额										
月	日	字	号			亿	千	百	十	万	千	百	十	元	角	分	亿	千	百	十	万	千	百	十	元	角	分	亿	千	百	十	万	千	百	十	元	角	分
…	…	…	…	…	…					…		…									…		…									…		…				
…	…	…	…	…	…					⋮		⋮									⋮		⋮									⋮		⋮				
12	31				本月合计					2	3	4	5	7	8	0					2	2	1	2	4	6	0							8	0	0	0	0
12	31				本季累计				1	0	3	2	2	7	5	0				1	0	2	3	4	6	3	0							8	0	0	0	0
12	31				本年累计			1	2	2	4	0	0	0	0	0			1	2	1	1	7	0	0	0	0							8	0	0	0	0
					结转下年																																	

单红线　　　　　　　　　　　　　　　　　　　　双红线

想一想

3月做完季结，3月有几条红线了？

注意：通栏双红线只用在年度终了后的本年累计中，即只能用在每年的12月31日中。

补充：在下一年的年初，应在新账簿的第一行的摘要栏内写"上年结转"，把上年末结转的余额填写在余额栏内，如表4-2-41所示。

表 4-2-41 库存现金日记账

2015年 月	日	凭证 字	号	对应科目	摘要	借方 亿	千	百	十	万	千	百	十	元	角	分	贷方 亿	千	百	十	万	千	百	十	元	角	分	余额 亿	千	百	十	万	千	百	十	元	角	分
1	1				上年结转																											8	0	0	0	0		
	1	银付	1	银行存款	提取现金				4	0	0	0	0	0																4	8	0	0	0	0		
	2	现付	1	其他应收款	职工预借差旅费															1	2	0	0	0	0						3	6	0	0	0	0		
	3	现付	2	管理费用	购买办公用品																5	0	0	0	0						3	1	0	0	0	0		
	5	现收	1	其他业务收入	收取门面租金			1	0	0	0	0	0	0																1	3	1	0	0	0	0		

三、账簿的更换和保管

（一）账簿的更换

每年年度终了后，结账完毕，第二年开始要更换新账簿。一般来说：

（1）总账、日记账、大多数明细账应当更换新账簿。

（2）少数财产物资明细账和债权债务明细账，更换新账簿会导致工作繁重，可不每年更换一次。如原材料明细账等。

（3）备查账簿一般也不需要更换。

（二）账簿的保管

会计账簿是重要的会计档案，国家相关会计法律法规对会计账簿的保管有严格要求：

（1）会计账簿归档。年度终了，应由会计人员按照归档要求，将活页式账簿、卡片式账簿装订成册，按顺序编号，编制保管清册。

（2）账簿的日常保管由专人负责，以明确责任。未经会计机构负责人（会计主管）批准，外人不得随意查阅、复印等。

（3）当年形成的会计账簿，与其他会计档案一起，在年度终了后，在会计机构保管一年。期满之后，由会计机构编制移交清册，将会计账簿及其他会计档案移交本单位档案管理机构统一保管。

注意：如果本单位没有专门的档案管理机构，可在会计机构内部指定专人保管。但是，出纳人员不能兼管会计档案。

（4）账簿要按国家统一规定的保管期限进行保管，不得在保管期限未满时进行销毁。

任务实施

使学生了解对账与结账的意义；知道对账的程序与方法；知道结账的程序与方法，并做相关实训。

任务四　认识财产清查

一天，小萌见出纳员拿着现金日记账和王会计在单位保险柜前清点着什么。于是小心翼翼地上前询问："王会计，你们在做什么呢？"

王会计转过身来笑了笑。"我们每天结账前都要对库存现金进行清点。明天是月底，也是单位的定期盘点财产日，到时我带你去学习一下进行财产清查的步骤和方法吧。""原来清点财产是具有一定的方法和步骤的啊！"小萌在心里默默地想着。

任务描述

众所周知，会计以凭证的方式反映资金运动的初始信息，经过确认、分类、记录、整理和汇总，最后以财务报表为载体提供真实可靠的财务信息。而财务报表信息的可靠性尤为重要。为了避免信息在传输过程中受主客观因素干扰而失真，从而进一步核实日常核算信息，所以在编制财务报表前须进行财产清查。现在咱们就跟着小萌一起来学习一下如何进行财产清查吧！

知识平台

一、财产清查的概念及账实不符的主要原因

"究竟什么是财产清查呢？清查哪些内容呢？有什么特别的方法吗？为什么会计信息在传输的过程中可能会失真呢？"小萌思索着。

财产清查是对各项财产、物资进行实地盘点和核对，查明财产物资、货币资金和结算款项的实有数额，确定其账面结存数额和实际结存数额是否一致，以保证账实相符的一种会计专门方法。

一般说来，造成账实不符的原因主要有以下几个方面：

（1）在收发财产物资时，由于计量、检验不准确而发生品种、数量或质量上的差错。

（2）在凭证和账簿中，出现漏记、重记、错记或计算上的错误。

（3）财产物资在保管过程中发生了自然损耗。

（4）由于结算凭证传递不及时而造成了未达账项。

（5）由于管理不善或工作人员失职而发生了财产物资的损坏、变质或短缺。

（6）由于不法分子的营私舞弊、贪污盗窃而发生的财产物资损失。

（7）由于自然灾害或意外事故造成的财产物资损失等。

想一想

财产清查是对各项财产、物资进行实地盘点和核对，查明（　　）的实有数额，确定其账面结存数额和实际结存数额相一致的一种会计专门方法。

A. 财产物资

B. 货币资金

C. 结算款项

D. 职工人数

二、财产清查的作用

"刚刚从概念上阐述了财产清查由账实相符而进一步保证了会计信息的质量，那么财产清查的作用是不是仅限于此呢？还有其他作用吗？"小萌刨根究底的追问王会计。

企业进行财产清查的作用，主要体现在以下三个方面：

（1）保证会计核算资料的真实性。企业可通过财产清查确定各项财产的实存数，查明财产实存数与账存数是否相符，确定各项财产物资的盘盈数、盘亏数，并及时调整账簿记录，做到账实相符，以保证账簿记录真实、可靠，提高会计信息的质量。

（2）有利于挖掘财产物资的潜力，加速资金的周转。可以查明各项财产物资的储备和利用情况，以便采取措施，对储备不足的及时设法补充，保持合理的储备，以满足生产经营活动的正常需要；对积压、呆滞和不配套的财产物资及时进行处理，从而充分挖掘财产物资的潜力，避免损失浪费，加速资金周转。

（3）保护财产物资的安全、完整。通过财产清查，可以发现各项财产物资有无被挪用、贪污、盗窃的情况，有无因管理不善而造成霉烂、变质、损失浪费等情况，查明原因，分清责任，以便及时采取措施，加强管理，从而保护各项财产物资的安全、完整。

想一想

财产清查的意义包括（　　）。

A. 有利于保证会计核算资料的真实可靠

B. 有利于挖掘财产物资的潜力，加速资金周转

C. 有利于保护财产物资的安全完整

D. 有利于维护财经纪律和结算制度

三、财产清查的种类

财产清查可以按不同的标志进行分类，主要有按照清查对象的范围和时间分类两种。

1. 按财产清查的范围不同，分为全面清查和局部清查

（1）全面清查。全面清查是指对企业的全部财产进行盘点和核对。全面清查的对象包括属于本单位和存放在本单位的所有货币资金、财产物资和债权债务。通过全面清查，可以准确地掌握本单位的各项财产物资、货币资金、债权债务等真实情况，但全面清查内容多、范围广、参加的人员多、花费的时间长，一般适用以下几种情况：

①年终决算前，为确保年终决算会计资料真实、正确，需进行全面清查。

②单位撤销、合并或改变隶属关系前，中外合资、国内联营前以及企业实行股份制改造前，为了明确经济责任，需进行全面清查。

③开展全面清产核资、资产评估等活动，为了摸清家底，准确地核定资产，需进行全面清查。

④单位主要负责人调离工作前。单位负责人是指单位法定代表人或法律、行政法规规定代表单位行使职权的主要负责人，按《会计法》规定其对本单位的会计工作和会计资料的真实性、完整性负责。

（2）局部清查。局部清查是指根据需要对一部分财产进行的清查。局部清查范围小，涉及人员少，但专业性较强，其清查对象主要是流动性较强的财产，一般包括库存现金、银行存款、库存商品和债权债务。

2. 按财产清查的时间不同，分为定期清查和不定期清查

财产清查按照清查时间是否事先有计划，可分为定期清查和不定期清查。

（1）定期清查。定期清查是指根据事先计划或管理制度规定的时间安排对财产所进行的清查。

（2）不定期清查。不定期清查是指事先没有安排清查计划，而是根据需要进行的临时性清查。

？ 想一想

下列情况中，适用于全面清查的有（　　）。

A. 年终决算前

B. 单位撤销、合并或改变隶属关系前

C. 全面清产核资、资产评估

D. 单位主要负责人调离工作前

任务实施

1. 了解财产清查的概念与分类

2. 理解财产清查的作用；熟悉不同财产清查方法的适用范围。

任务五　掌握财产清查的方法

任务描述

小萌在了解了财产清查的基本概况后，王会计开始教小萌学习财产清查的方法。那我们现在跟随小萌一起来学习一下吧。

知识平台

王会计跟小萌说："咱们先来了解一下开始进行财产清查前的一些准备工作，如财产清查的一般程序及财产物资的盘存制度等。然后再学习具体使用哪些财产清查方法。"

（一）财产清查的一般程序

财产清查是一项涉及面较广、工作量较大，既复杂又细致的工作。因此，必须有计划、有组织地进行。财产清查前的一般程序有：①成立财产清查小组。②组织清查人员学习相关规定，掌握有关业务知识。③确定清查对象、范围，明确清查任务。④制定清查方案，具体安排清查内容、时间、步骤、方法，校准好度量衡器，做好必要的准备。⑤清查时按先清查数量、核对有关账簿记录等，后认定质量的原则进行。⑥填制盘存清单。⑦根据盘存清单填制实物、往来账项清查结果报告表。

（二）财产物资的盘存制度

财产物资的盘存制度是指在日常会计核算中确定各项财产物资账面结存数量的制度，可分为永续盘存制和实地盘存制两种。

小链接

财产物资的盘存制度就是确定存货数量的方法。

1. 永续盘存制

永续盘存制是对各项财产物资的增加或减少，都必须根据会计凭证在有关账簿中进行连续登记，并在账上随时结算其结存数的制度。

其计算的基本公式：

上次结存（余）数＋本次增加数－本次减少数＝当时结存（余）数

2. 实地盘存制

实地盘存制是日常登记财产物资明细账时，只登记收入数，月末根据实地盘点数，倒挤出本月发出数，并据以入账的盘存制度。

其计算的基本公式：

期初结存数+本期收入数−期末实地盘存数=本期发出数

？想一想

假设某企业实行永续盘存制，那到了年底还需要进行财产盘点吗？

（三）财产清查的方法

财产清查是一项非常复杂细致的工作，它不仅是会计部门的一项重要任务，而且也是各个财产物资管理部门的一项重要职责。为了妥善地做好财产清查工作，使它发挥应有的积极作用，必须在清查前做好组织准备和业务准备工作。

1. 实物资产的清查方法

不同品种的财产物资，由于实物形态、体积、重量、堆放方式不同，应采用不同的清查方法。一般采用实地盘点法和技术推算盘点法两种。

（1）实地盘点法，是通过对财产物资存放现场逐一清点数量或用计量仪器确定其实存数的一种方法。这种方法适用于容易清点或计量的财产物资，也适用于库存现金等货币资金的清查。它适用范围较广，要求严格，数字准确可靠，清查质量高，但工作量大。

（2）技术推算法，是利用技术方法推算财产物资实存数的方法。主要适用于大量成堆难以逐一清点的财产物资，如露天存放的煤、矿石等的实存数量可以采用这种方法。这种方法盘点的数字不够准确，但工作量较小。

在清查过程中，还要检查财产物资的质量，了解其储存、利用情况，以及在收发、保管等方面是否存在问题。

为了明确经济责任，在进行财产物资盘点时，财产物资的保管人员必须在场。对各项财产物资盘点的结果，必须如实地登记在盘点单上，并由参加盘点的人员和财产物资的保管人员签章。盘点单是记录各项财产物资盘点的书面证明，其一般格式如表4-2-42。

在盘点各种实物的实存数以后，为了查明实存数与账存数是否一致，确定盘盈或盘亏情况，应根据盘存单和有关账簿的记录，编制实存账存对比表。实存账存对比表是用以调整账簿记录的重要原始凭证，也是分析产生差异的原因、明确经济责任的依据。通常为了减少工作量，实存账存对比表只填制账实不符的财产物资，对于账实相符的财产物资不予列入。其一般格式如表4-2-43所示。

表4-2-42　盘点单

单位名称：　　　　　　　　　　　　　　　　　盘点时间：
编号：
财产类别：　　　　　　　　　　　　　　　　　存放地点：

序号	名称	规格型号	计量单位	实存数量	单价	金额	备注

盘点人签章：　　　　　　　　　　　会计签章：

表4-2-43　实存账存对比表

单位名称：　　　　　　　　　　　　　　　　　年　　月　　日

编号	名称及类别	计量单位	单价	实存		账存		对比结果				备注
				数量	金额	数量	金额	盘盈		盘亏		
								数量	金额	数量	金额	

盘点人签章：　　　　　　　　　　　会计签章：

🖊 **小链接**

对于在途材料、物资以及委托外单位加工、保管的材料、物资，需用询证法与有关单位进行核对，以确定是否账实相符。

2. 货币资金的清查方法

（1）库存现金的清查。

①库存现金清查的方法：采用实地盘点法。先盘点库存现金的实有数，再与现金日记账的余额进行核对，以确认账实是否相符。

②库存现金清查的内容：一是出纳人员日常的现金清查。二是清查小组对库存现金进行的定期或不定期的清查。

在清查库存现金时还要注意有无白条抵充现金、库存现金超限额、坐支现金等现象，在备注栏中说明并作出适当处理。

盘点后，应根据库存现金盘点结果，编制"库存现金盘点报告表"，并由盘点人员和出纳员签章。"库存现金盘点报告表"兼有"盘存单"和"实存账存对比表"的作用，是反映库存现金实有数和调整账簿记录的原始凭证。其一般格式如表4-2-44。

表 4-2-44　库存现金盘点报告表

单位名称：　　　　　　　　　　　　　　　　　　　　　　　　　　　年　　月　　日

实存金额	账存金额	对比结果		备注
		盘盈	盘亏	

盘点人签章：　　　　　　　　　　　　　　会计签章：

小链接

在实际工作中，出纳人员应每天进行库存现金的清查，做到日清月结，确保每日都账实相符。

坐支是指将单位的现金收入不入账直接用于现金支出。

库存现金限额由单位提出计划，经开户银行核定，一般为本单位 3~5 天的日常零星开支所需数额。

（2）银行存款的清查。

①银行存款清查的方法：采用核对法，即将开户银行定期送来的对账单与本单位的银行存款日记账逐笔进行核对，以查明银行存款收、付及余额是否正确相符。

在同银行核对账目之前，应先详细检查本单位银行存款日记账的正确性和完整性，发现错记或漏记的，应及时更正、补记。然后与从银行取来的对账单逐笔核对。核对的内容包括收、付款金额，结算凭证的种类和号数，收入的来源，支出的用途，发生时间以及存款余额等。

②银行存款清查结果的分析：如发现本单位记账有错误，应及时更正；如发现银行记账有错误，应及时通知银行查明更正。但即使双方记账均无错误，也会出现企业银行存款日记账余额与银行对账单余额不一致的情况，这是因为存在未达账项。

未达账项是指在企业和银行之间，由于结算凭证传递的时间差，造成的一方已经入账、而另一方因未收到结算凭证尚未入账的款项。未达账项有以下四种情况：

第一种，企业已记收款而银行未记收款的账项。如企业将收到的转账支票存入银行，根据银行盖章退回的"进账单"回联已登记银行存款增加；而银行尚未完成转账手续因而未登记入账。

第二种，企业已记付款而银行未记付款的账项。如企业开出一张转账支票购买材料，企业根据支票存根、发货票及入库单等原始凭证，已记银行存款减少；而银行此时尚未收到付款凭证未登记减少。

第三种，银行已记收款而企业未记收款的账项。如外地某单位以汇兑方式支付企业销货款，银行收到汇款后已登记企业存款增加；而企业因未收到银行的收账通知尚未登记银行存款增加。

第四种，银行已记付款而企业未记付款的账项。如银行向借款企业扣付借款的利息，已减少了企业的存款；而企业因未收到银行扣付利息的凭证而尚未登记银行存款减少。

上述任何一种情况的发生，都会使企业和银行之间产生未达账项，从而使企业银行双方账簿记录不一致。因此，在核对账目时必须先看是否存在未达账项。如果发现存在未达账项，应编制"银行存款余额调节表"，以查明银行存款的真实数字。其一般格式如表4-2-45。

表 4-2-45 银行存款余额调节表

年　　月　　日　　　　　　　　　　　　　　　　　　　单位：元

项目	金额	项目	金额
银行存款日记账余额		银行对账单余额	
加：银行已收企业未收		加：企业已收银行未收	
减：银行已付企业未付		减：企业已付银行未付	
调整后的存款余额		调整后的存款余额	

注意：企业不能根据调节后的余额调整银行存款日记账的余额，对于银行已入账但企业尚未入账的未达账项，企业应在收到有关结算凭证后再进行有关账务处理。

小链接

银行存款余额调节表只起到对账的作用，不能作为编制凭证和调整账簿记录的依据。

【例4-2-10】　宏盛公司2014年8月31日银行存款日记账的账面余额为140000元，银行对账单上的余额为136000元，经核对发现存在下列未达账项：

（1）8月27日，企业因销售收到转账支票一张共计12000元，企业已经入账，银行尚未入账。

（2）8月28日，银行收到企业委托收款的10000元，银行已经入账，企业尚未入账。

（3）8月30日，企业开出一张价值4000元的转账支票，企业已经入账，银行尚未入账。

（4）8月31日，银行代企业支付水电费6000元，银行已经入账，企业尚未入账。

根据上述未达账项编制银行存款余额调节表，如表4-2-46。

表 4-2-46　银行存款余额调节表

2014 年 8 月 31 日　　　　　　　　　　　　　　　单位：元

项目	金额	项目	金额
银行存款日记账余额	140000	银行对账单余额	136000
加：银行已收企业未收	10000	加：企业已收银行未收	12000
减：银行已付企业未付	6000	减：企业已付银行未付	4000
调整后的存款余额	144000	调整后的存款余额	144000

小链接

哪两种情况会使银行存款日记账余额大于银行存款对账单余额？哪两种情况会使银行存款对账单余额大于银行存款日记账余额？

（3）往来款项的清查方法。往来款项的清查，一般采用发函询证的方法。

小链接

往来款项是指企业在生产经营过程中发生的各种应收、应付款项及预收、预付款项。

发函询证是企业在检查本单位各项往来结算账目正确、完整的基础上，按每一往来单位填制"往来款项对账单"进行往来款项清查的方法。"往来款项对账单"一式两联，其中一联送交对方单位核对账目，另一联作为回单。对方单位核对相符后，在回联单上加盖公章退回，表示已核对；如有数字不符，对方单位应在对账单中注明情况退回本单位。本单位进一步查明原因，再行核对，并将清查结果编制"往来款项清查表"；对于有争议的款项以及无法收回的款项，应在报告单上详细列明情况，以便及时采取措施进行处理，避免或减少坏账损失。

往来款项清查表的格式如表 4-2-47。

表 4-2-47　往来款项清查表

年　　月　　日　　　　　　　　　　　　　　　单位：元

资产类科目	具体内容	金额	负债类科目	具体内容	金额
借出款			借入款		
暂付款			暂存款		
			代管经费		

任务实施

1. 学生理解财产物资的盘存制度。

2. 掌握财产物资的清查方法，能够进行现金清查，编制现金盘点报告表。

3. 能够编制银行存款余额调节表；能够编制盘存单、账存实存对比表。

项目三 账务处理程序

在经过一个完整的会计期间工作后，小萌发现在进行会计核算时，最基本的环节是：收集、整理、汇总原始凭证，填制、汇总记账凭证，登记各种账簿，编制会计报表。那么，是不是所有的企业在进行会计核算时，这些基本环节都是必须做的呢？"没错，所有企业在进行会计核算时，都必须经过这些基本环节。"王会计很明确地告诉她。用会计专业语言来说，这些基本环节构成了"账务处理程序"。

学习目标

知识目标

（1）了解账务处理程序的意义。

（2）了解账务处理程序的种类及其主要区别。

（3）掌握记账凭证账务处理程序的实际运用。

（4）掌握科目汇总表账务处理程序的实际应用。

技能目标

（1）能应用记账凭证账务处理程序处理单位经济业务。

（2）能应用科目汇总表账务处理程序处理单位经济业务。

任务一 认识账务处理程序

任务描述

每月月末和月初是会计人员最忙碌、最重要的时间，整个月的工作结果都要在这几天进行归集、编制报表和纳税申报。越是忙乱的时候，越容易出现差错，因此会计人员应将每月的工作进行归类，区分轻重缓急，下面我们就跟随小萌学习怎样进行正确的账务处理。

知识平台

一、账务处理程序的概念

小萌看着财务办公室桌上堆放着的各类会计凭证、会计账簿、会计报表，心想：这么多会计资料，怎么才能理清它们的钩稽关系并将它们联系起来呢？

账务处理程序也称"会计核算组织程序"或"会计核算形式"，是指对会计信息的记录、归类、汇总、申报的步骤和方法。即从原始凭证的收集、整理、汇总，记账凭证的填制、汇总，日记账、明细分类账、总分类账的登记，到会计报表的编制的步骤和方法。

对于账务处理程序，可以作如下理解：

（一）账务处理程序的基本环节

账务处理程序的基本环节如下：

$$会计凭证 \xrightarrow{\text{登记}} 会计账簿 \xrightarrow{\text{编制}} 会计报表$$

（二）基本环节中几个重要的组织关系

（1）会计凭证的种类、格式、填制方法及相互间的关系，称为会计凭证组织关系。

（2）会计账簿的种类、格式、登记方法及相互间的关系，称为账簿组织关系。

（3）会计报表的种类、格式、编制依据及各报表间的相互关系，称为会计报表组织关系。

利用一定的程序和方法将以上三个组织关系有机结合在一起，就形成了账务处理程序。而在三个组织关系中，账簿组织关系是账务处理程序的核心。

想一想

会计账簿的种类、格式、登记方法和账簿间的关系是什么？

二、账务处理程序的意义

小萌学习了什么是账务处理程序之后，又在思考"账务处理程序对于我们的会计工作有什么意义呢？"

科学合理地选择适合本单位的账务处理程序，对于有效组织会计核算具有重要意义。它是企业会计制度设计的一项重要内容。

三、账务处理程序的种类

不同的会计凭证组织、账簿组织、记账程序和方法相互结合在一起，就构成了不同的账务处理程序。根据我国会计工作的实践经验，采用的账务处理程序主要有以下三种：

（1）记账凭证账务处理程序。

（2）科目汇总表账务处理程序。

（3）汇总记账凭证账务处理程序。

在进行账务处理程序分类时，各种账务处理程序的最主要区别就在于登记总分类账的依据和方法不同。

四、账务处理程序的基本模式

各个企业账务处理程序的具体做法虽然不同，但账务处理的基本模式是相同的。一般都是在经济业务发生后，运用以下几个步骤进行账务处理：

（1）取得或填制原始凭证，作为原始记录。

（2）根据原始凭证或汇总原始凭证填制记账凭证。

（3）根据会计凭证，按照经济业务发生时间的先后顺序登记日记账，实际上是按记账凭证填制的先后顺序登记日记账（现金日记账和银行存款日记账），作为序时记录；根据会计凭证，按经济业务发生所涉及的会计账户，登记分类账。

（4）根据发生额和余额对照表编制各种会计报表。

以上账务处理程序的基本模式如图4-3-1所示。

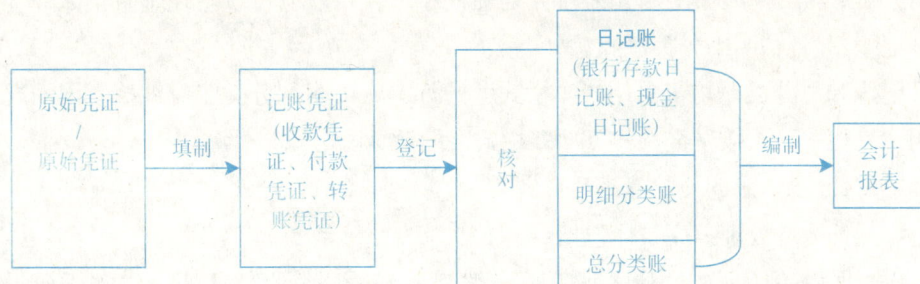

图 4-3-1 账务处理程序的基本模式

想一想

在账务处理程序的基本模式中，根据登记总分类账的依据和方法不同，将账务处理程序基本模式分成了几种具体的账务处理程序？

任务实施

（1）理解账务处理程序的意义。

（2）熟悉账务处理程序的基本模式。

任务二　账务处理程序的内容

任务描述

小萌了解了账务处理程序的概念和基本模式以后，王会计开始教小萌如何正确处理账务程序了。

知识平台

一、记账凭证账务处理程序

（一）概念、特点、凭证和账簿的设置

（1）概念。记账凭证账务处理程序是指根据记账凭证逐笔登记总分类账的一种处理程序。这是最基本、最简单的一种账务处理程序。

（2）特点。记账凭证账务处理程序的特点是对每张记账凭证（收款凭证、付款凭证、转账凭证）无须汇总，直接用以登记总分类账。

（3）凭证的设置。在记账凭证账务处理程序下，可以采用通用记账凭证，用以反映各类经济业务；也可分别设置"收款凭证"、"付款凭证"、"转账凭证"三种专用记账凭证，用以分别反映单位日常发生的各种收款、付款和转账经济业务。

（4）账簿的设置。在记账凭证账务处理程序下，一般应设置"现金日记账"、"银行存款日记账"、各种明细分类账和总分类账。

日记账和总分类账均可采用"三栏式"的订本账，明细分类账应根据不同情况，分别采用"三栏式"、"数量金额式"、"多栏式"的活页账。

（二）记账凭证账务处理程序的内容

记账凭证账务处理程序具体包括：

（1）根据原始凭证或原始凭证汇总表编制记账凭证（收款凭证、付款凭证、转账凭证）。

（2）根据收款凭证和付款凭证逐笔登记现金日记账和银行存款日记账。

（3）根据记账凭证及所附的原始凭证或原始凭证汇总表，逐笔登记明细分类账。

（4）根据记账凭证（收款凭证、付款凭证、转账凭证）逐笔登记总分类账。

（5）根据对账要求，定期将日记账、明细分类账的相关记录分别与总分类账的相关记录核对相符，做到账账相符。

（6）月末，根据总分类账和明细分类账的有关资料编制会计报表。

上述账务处理程序如图4-3-2所示。

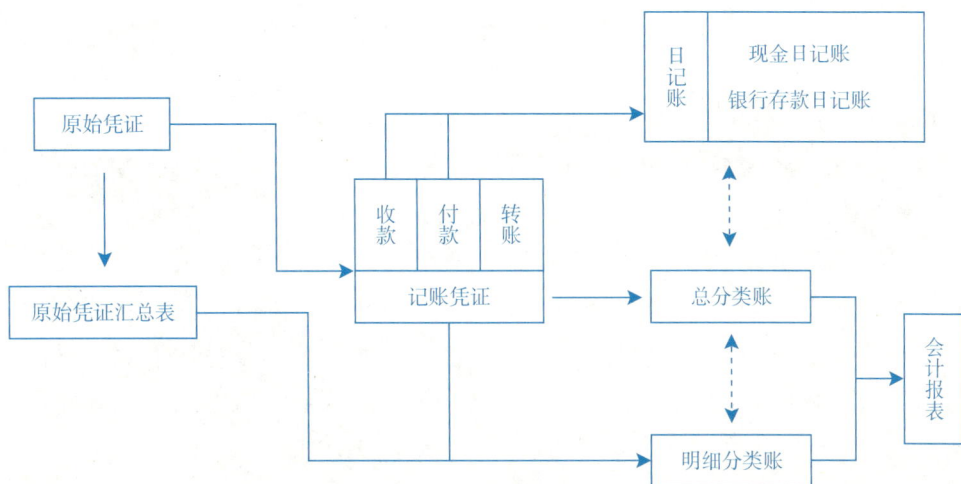

图 4-3-2 记账凭证账务处理程序

【例 4-3-1】 宏达公司 2014 年 3 月末的总分类账和明细分类账账户余额见表 4-3-1 和表 4-3-2。

表 4-3-1 总分类账账户余额表

单位：元

账户名称	金额	账户名称	金额
库存现金	8000	累计折旧	30000
银行存款	50000	短期借款	43000
原材料	3000	长期借款	73000
生产成本	20000	实收资本	205000
库存商品	60000	盈余公积	40000
固定资产	250000		
合计	391000	合计	391000

表 4-3-2 明细分类账账户余额表

单位：元

账户名称	数量	单价	金额
原材料——甲材料	375	8	3000
生产成本——乙产品			20000
库存商品——乙产品			60000

宏达公司 2014 年 4 月发生的经济业务如下（为简化起见，假定除下列经济业务外，该公司未发生其他经济业务和事项；购销业务均不考虑增值税）：

（1）4 月 2 日，购入甲材料 1800 千克，单价 8 元/千克，价款共计 14400 元，材料已经验收入库，货款以银行存款支付（假定不通过"材料采购"账户）。

（2）4 月 8 日，行政主管部门王某出差预借差旅费 3000 元。

（3）4月10日，销售乙产品1000件，单位售价60元/件，共计价款60000元，货物已发出，价款收到已存入银行。

（4）4月15日，用库存现金支付出售乙产品的运费1000元。

（5）4月20日，为生产乙产品领用甲材料500千克，单价8元/千克，共计4000元。

（6）4月25日，王某出差回来，报销差旅费2500元，归还余款500元。

（7）4月30日，以银行存款支付由行政管理部门负担的保险费用1500元。

（8）4月30日，以银行存款支付短期借款利息2000元（不通过"应付利息"账户）。

（9）4月30日，计提本月应交城市维护建设税1000元，应交教育费附加1500元。

（10）4月30日，结转已售乙产品成本，已知乙产品单位成本40元，成本共计40000元。

（11）4月30日，将本月主营业务收入60000元转入"本年利润"账户。

（12）4月30日，将本月主营业务成本40000元、营业税金及附加1500元、销售费用1000元、财务费用2000元、管理费用4000元转入"本年利润"账户。

（13）4月30日，计算本月应交所得税2875元。

（14）4月30日，将本月所得税2875元结转至"本年利润"账户。

在记账凭证账务处理程序下，该公司经济业务的账务处理程序是：

步骤一，根据所发生经济业务取得的原始凭证或汇总原始凭证填制收款凭证、付款凭证、转账凭证（本部分以会计分录代表记账凭证）。

（1）4月2日购入甲材料：

借：原材料——甲材料　　　　　　　　14400

　　贷：银行存款　　　　　　　　　　　　14400

（2）4月8日预借差旅费：

借：其他应收款——王某　　　　　　　3000

　　贷：库存现金　　　　　　　　　　　　3000

（3）4月10日销售乙产品：

借：银行存款　　　　　　　　　　　　60000

　　贷：主营业务收入　　　　　　　　　　60000

（4）4月15日支付运费：

借：销售费用　　　　　　　　　　　　1000

　　贷：库存现金　　　　　　　　　　　　1000

（5）4月20日领用甲材料：

借：生产成本——乙产品　　　　　　　4000

　　贷：原材料——甲材料　　　　　　　　4000

（6）4月25日报销差旅费：

借：管理费用 2500

　　库存现金 500

　　　贷：其他应收款——王某 3000

（7）4月30日支付保险费用：

借：管理费用 1500

　　　贷：银行存款 1500

（8）4月30日支付利息：

借：财务费用 2000

　　　贷：银行存款 2000

（9）4月30日计算应交城市维护建设税、教育费附加：

借：营业税及附加 1500

　　　贷：应交税费——应交城市维护建设税 1000

　　　　　　　　　——应交教育费附加 500

（10）4月30日结转已售产品成本：

借：主营业务成本 40000

　　　贷：库存商品——乙产品 40000

（11）4月30日结转主营业务收入至"本年利润"账户：

借：主营业务收入 60000

　　　贷：本年利润 60000

（12）4月30日结转主营业务成本、营业税及附加、销售费用、财务费用及管理费用至"本年利润"账户：

借：本年利润 48500

　　　贷：主营业务成本 40000

　　　　　营业税金及附加 1500

　　　　　销售费用 1000

　　　　　管理费用 4000

　　　　　财务费用 2000

（13）4月30日计算应交所得税：

借：所得税费用 2875

　　　贷：应交税费——应交所得税 2875

（14）4月30日，将本月所得税结转至"本年利润"账户：

借：本年利润 2875

　　　贷：所得税费用 2875

？ **想一想**

如何将以上每笔经济业务填入记账凭证？记账凭证怎样分类？

步骤二，根据现金和银行存款收付凭证，逐笔登记现金日记账和银行存款日记账，具体填制内容分别见表 4-3-3 和表 4-3-4。

表 4-3-3　现金日记账

2014 年		凭证		摘要	对应科目	借方	贷方	余额
月	日	字	号					
4	1			月初余额				8000
	8	现付	1	王某预借差旅费	其他应收款		3000	5000
	15	现付	2	支付销售产品运费	销售费用		1000	4000
	25	现收	1	王某归还多余差旅费	其他应收款	500		4500
	30							
	30			本月合计		500	4000	4500

表 4-3-4　银行存款日记账

2014 年		凭证		摘要	对应科目	借方	贷方	余额
月	日	字	号					
4	1		4	月初余额				50000
	2	银付		购入甲材料	原材料		14400	35600
	10	银付		销售乙产品	主营业务收入	60000		95600
	30	银付		支付保险费	管理费用		1500	94100
	30	银付		支付借款利息	财务费用		2000	92100
	30			本月合计		60000	17900	92100

步骤三，根据原始凭证和记账凭证登记各种明细分类账（只列举原材料、生产成本、其他应收款的明细分类账，其他从略），分别见表 4-3-5 至表 4-3-7。

表 4-3-5　原材料明细分类账

账户名称：甲材料　　　　　　　　　　　　　　　　　　　　　　　　　　　　单位：千克

2014 年		凭证		摘要	收入			发出			余额		
月	日	字	号		数量	单价	金额	数量	单价	金额	数量	单价	金额
4	1			期初余额							375	8	3000
	2	银付	1	购入	1800	8	14400				2175	8	17400
	20	转	1	生产领用				500	8	4000	1675	8	13400
	30			本月合计	1800		14400	500		4000	1675		13400

表 4-3-6　生产成本明细分类账

账户名称：乙产品　　　　　　　　　　　　　　　　　　　　　　　单位：件

2014 年		凭证		摘要	借方			合计
月	日	字	号		直接材料	直接人工	制造费用	
4	20	转	1	耗用材料	4000			4000
	30			本月合计	4000			4000

表 4-3-7　其他应收款明细分类账

账户名称：王某

2014 年		凭证		摘要	借方	贷方	借或贷	余额
月	日	字	号					
4	8	现付	1	预借差旅费	3000		借	3000
	25	转	2	报销差旅费		2500	借	500
	25	现收	1	交回现金		500	平	0
	30			本月合计	3000	3000	平	0

步骤四，根据记账凭证（会计分录）直接登记总账，见表 4-3-8 至表 4-3-28。

表 4-3-8　总分类账

会计科目：库存现金

2014 年		凭证		摘要	借方	贷方	借或贷	余额
月	日	字	号					
4	1		11	月初余额			借	8000
	8	现付	1	支出		3000	借	5000
	15	现付	2	支出		1000	借	4000
	25	现收	1	收款	500		借	4500
	30			本月合计	500	4000	借	4500

表 4-3-9　总分类账

会计科目：银行存款

2014 年		凭证		摘要	借方	贷方	借或贷	余额
月	日	字	号					
4	1			月初余额			借	50000
	2	银付	1	支出		14400	借	35600
	10	银收	3	收款	60000		借	95600
	30	银付	7	支付保险费		1500	借	94100
	30	银付	8	支出		2000	借	92100
	30			本月合计	60000	17900	借	92100

表 4-3-10 总分类账

会计科目：其他应收款

2014年		凭证		摘要	借方	贷方	借或贷	余额
月	日	字	号					
4	1			月初余额				
	8		2	预借差旅费	3000		借	3000
	25		6	报销差旅费		3000	平	0
	30			本月合计	3000	3000	平	0

表 4-3-11 总分类账

会计科目：原材料

2014年		凭证		摘要	借方	贷方	借或贷	余额
月	日	字	号					
4	1			月初余额			借	3000
	2	银付	1	购入	14400		借	17400
	20	转	5	生产领用		4000	借	13400
	30			本月合计	14400	4000	借	13400

表 4-3-12 总分类账

会计科目：库存商品

2014年		凭证		摘要	借方	贷方	借或贷	余额
月	日	字	号					
4	1			月初余额			借	60000
	30	转	10	结转成本		40000	借	20000
	30			本月合计		40000	借	20000

表 4-3-13 总分类账

会计科目：固定资产

2014年		凭证		摘要	借方	贷方	借或贷	余额
月	日	字	号					
4	1			月初余额			借	250000
	30			本月合计			借	250000

表 4-3-14 总分类账

会计科目：累计折旧

2014年		凭证		摘要	借方	贷方	借或贷	余额
月	日	字	号					
4	1			月初余额			借	30000
	30			本月合计			借	30000

表 4-3-15 总分类账

会计科目：短期借款

2014 年		凭证		摘要	借方	贷方	借或贷	余额
月	日	字	号					
4	1			月初余额			借	43000
	30			本月合计			借	43000

表 4-3-16 总分类账

会计科目：应交税费

2014 年		凭证		摘要	借方	贷方	借或贷	余额
月	日	字	号					
4	30	转	9	计算营业税金及附加		1500	贷	1500
	30	转	13	计算所得税		2875	贷	4375
	30			本月合计		4375	贷	4375

表 4-3-17 总分类账

会计科目：长期借款

2014 年		凭证		摘要	借方	贷方	借或贷	余额
月	日	字	号					
4	1			月初余额			贷	73000
	30			本月合计			贷	73000

表 4-3-18 总分类账

会计科目：实收资本

2014 年		凭证		摘要	借方	贷方	借或贷	余额
月	日	字	号					
4	1			月初余额			贷	205000
	30			本月合计			贷	205000

表 4-3-19 总分类账

会计科目：盈余公积

2014 年		凭证		摘要	借方	贷方	借或贷	余额
月	日	字	号					
4	1			月初余额			贷	40000
	30			本月合计			贷	40000

表 4-3-20 总分类账

会计科目：本年利润

2014 年		凭证		摘要	借方	贷方	借或贷	余额
月	日	字	号					
4	30	转	11	期末结转		60000	贷	60000
	30	转	12	期末结转	48500		贷	11500
	30	转	14	结转所得税费用	2875		贷	8625
	30			本月合计	51375	60000	贷	8625

表 4-3-21 总分类账

会计科目：生产成本

2014 年		凭证		摘要	借方	贷方	借或贷	余额
月	日	字	号					
4	1		1	月初余额			借	20000
	20	转	5	生产领用材料	4000		借	24000
	30			本月合计	4000		借	24000

表 4-3-22 总分类账

会计科目：主营业务收入

2014 年		凭证		摘要	借方	贷方	借或贷	余额
月	日	字	号					
4	10	银收	3	销售产品		60000	贷	60000
	30	转	11	期末结转	60000		平	0
	30			本月合计	60000	60000	平	0

表 4-3-23 总分类账

会计科目：主营业务成本

2014 年		凭证		摘要	借方	贷方	借或贷	余额
月	日	字	号					
4	30	转	10	结转销售成本	40000		借	40000
	30	转	12	期末结转		40000	平	0
	30			本月合计	40000	40000	平	0

表 4-3-24 总分类账

会计科目：营业税金及附加

2014 年		凭证		摘要	借方	贷方	借或贷	余额
月	日	字	号					
4	30	转	9	计算营业税金及附加	1500		借	1500
	30	转	12	期末结转		1500	平	0
	30			本月合计	1500	1500	平	0

表 4-3-25 总分类账

会计科目：销售费用

2014 年		凭证		摘要	借方	贷方	借或贷	余额
月	日	字	号					
4	15	银付	4	支付运费	1000		借	1000
	30	转	12	期末结转		1000	平	0
	30			本月合计	1000	1000	平	0

表4-3-26 总分类账

会计科目：管理费用

2014 年		凭证		摘要	借方	贷方	借或贷	余额
月	日	字	号					
4	25	转	6	报销差旅费	2500		借	2500
	30	银付	7	支付保险费	1500		借	4000
	30	转	12	期末结转		4000	平	0
	30			本月合计	4000	4000	平	0

表4-3-27 总分类账

会计科目：财务费用

2014 年		凭证		摘要	借方	贷方	借或贷	余额
月	日	字	号					
4	30	银付	8	支付利息	2000		借	2000
	30	转	12	期末结转		2000	平	0
	30			本月合计	2000	2000	平	0

表4-3-28 总分类账

会计科目：所得税费用

2014 年		凭证		摘要	借方	贷方	借或贷	余额
月	日	字	号					
4	30	转	13	计算所得税	2875		借	2875
	30	转	14	结转所得税		2875	平	0
	30			本月合计	2875	2875	平	0

步骤五，月末，编制会计报表。如表 4-3-29、表 4-3-30 所示。

表 4-3-29 资产负债表

会企01 表

编制单位：A 公司　　　　　　　　　2014 年 4 月 30 日　　　　　　　　　单位：元

资产	期末余额	年初余额	负债和所有者权益（或股东权益）	期末余额	年初余额
流动资产：			流动负债：		
货币资金	96600		短期借款	43000	
交易性金融资产			交易性金融负债		
应收票据			应付票据		
应收账款			应付账款		
预付款项			预收款项		
应收利息			应付职工薪金		
应收股利			应交税费	4375	
其他应收款			应付利息		
存货	57400		应付股利		

续表

资产	期末余额	年初余额	负债和所有者权益（或股东权益）	期末余额	年初余额
一年内到期的非流动资产			其他应付款		
其他流动资产			一年内到期的非流动负债		
流动资产合计	154000		其他流动负债		
非流动资产：			流动负债合计	47375	
可供出售金融资产			非流动负债：		
持有至到期投资			长期借款	73000	
长期应收款			应付债券		
长期股权投资			长期应付款		
投资性房地产			专项应付款		
固定资产	220000		预计负债		
在建工程			递延所得税负债		
工程物资			其他非流动负债		
固定资产清理			非流动负债合计	73000	
生产性生物资产			负债合计	120375	
油气资产			所有者权益（或股东权益）：		
无形资产			实收资本（或股本）	205000	
开发支出			资本公积		
商誉			减：库存股		
长期待摊费用			盈余公积	40000	
递延所得税资产			未分配利润	8625	
其他非流动资产			所有者权益（或股东权益）合计	253625	
非流动资产合计	220000				
资产总计	374000		负债和所有者权益（或股东权益）总计	374000	

表 4-3-30 利润表   会企 02 表

编制单位：A 公司   2014 年 4 月 30 日   单位：元

项目	本期金额	上期金额
一、营业收入	60000	
减：营业成本	40000	
营业税金及附加	1500	
销售费用	1000	
财务费用	4000	
管理费用	2000	
资产减值损失		
加：公允价值变动收益（损失以"-"号填列）		
投资收益（损失以"-"号填列）		

项目	本期金额	上期金额
其中：对联营企业和合营企业的投资收益		
二、营业利润（亏损以"－"号填列）	11500	
加：营业外收入		
减：营业外支出		
其中：非流动资产处置损失		
三、利润总额（亏损总额以"－"号填列）	11500	
减：所得税费用	2875	
四、净利润（净亏损以"－"号填列）	8625	
五、每股收益：		
（一）基本每股收益		
（二）稀释每股收益		

（三）记账凭证账务处理程序的优缺点和适用范围

（1）优点。层次清楚、简单明了、手续简便、容易掌握；且总分类账是依据记账凭证逐笔登记的，较为详细，形成一一对应的关系，有利于对账和查账。

（2）缺点。由于登记总分类账是依据每一张记账凭证逐笔登记，因此登记总分类账的工作量大。为克服这种缺点，就尽量根据原始凭证汇总表编制记账凭证，以减少记账凭证的数量。

（3）适用范围。鉴于上述优点，该账务处理程序适用于规模小、业务数量少、记账凭证数量不多的单位。

任务实施

（1）要求学生熟悉记账凭证账务处理程序的步骤。

（2）要求学生了解记账凭证账务处理程序的优缺点与适用范围。

（3）做相关实训。

二、汇总记账凭证账务处理程序

（一）概念、特点、凭证和账簿的设置

（1）概念。汇总记账凭证是指定期将各类记账凭证（收款凭证、付款凭证、转账凭证），按照会计科目的对应关系进行汇总，编制汇总记账凭证（汇总收款凭证、汇总付款凭证、汇总转账凭证），然后根据各种汇总记账凭证登记总分类账的一种账务处理程序。

（2）特点。该账务处理程序的特点是根据记账凭证定期（5天或10天，不宜超过10天）编制汇总记账凭证，并根据汇总记账凭证登记总分类账。

（3）凭证的设置。在该种账务处理程序下，除设置记账凭证（或收、付、转专用凭证）外，还需设置汇总记账凭证（或汇总收款凭证、汇总付款凭证和汇总转账凭证）。

（4）账簿的设置。仍设置现金日记账、银行存款日记账、明细分类账和总分类账。

日记账和总分类账，通常采用"三栏式"的订本账，明细分类账应根据管理需要进行设置，可分别采用"三栏式"、"数量金额式"或"多栏式"的活页账。

（二）汇总记账凭证账务处理程序的内容

汇总记账凭证账务处理程序的步骤如图4-3-3所示。

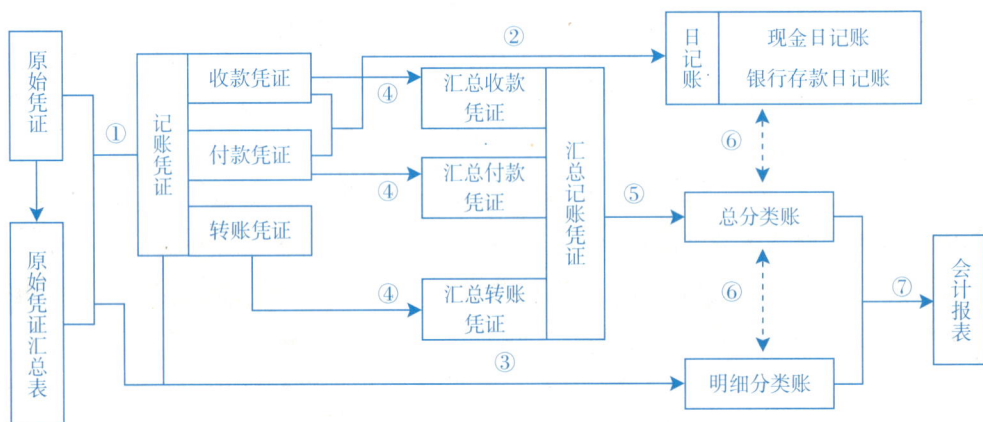

图 4-3-3　汇总记账凭证账务处理程序

（1）根据原始凭证或原始凭证汇总表编制记账凭证（收款凭证、付款凭证、转账凭证）（见图中①）。

（2）根据收款凭证、付款凭证逐笔登记现金日记账和银行存款日记账（见图中②）。

（3）根据记账凭证及所附的原始凭证或原始凭证汇总表，逐笔登记明细分类账（见图中③）。

（4）根据记账凭证（收款凭证、付款凭证、转账凭证），定期编制汇总记账凭证（汇总收款凭证、汇总付款凭证、汇总转账凭证）（见图中④）。

（5）根据汇总记账凭证（汇总收款凭证、汇总付款凭证、汇总转账凭证）登记总分类账（见图中⑤）。

（6）根据对账的要求，定期将日记账、明细分类账的相关记录分别与总分类账的相关记录核对相符（见图中⑥）。

（7）月末，根据总分类账和明细分类账的有关资料编制会计报表（见图中⑦）。

（三）汇总记账凭证的编制方法

1. 汇总收款凭证的编制

汇总收款凭证是根据现金收款凭证、银行存款收款凭证定期汇总编制的汇总记账凭证。其编制方法是：分别按库存现金、银行存款科目的借方设置汇总收款凭证，即按"汇总收款凭证——借方科目：库存现金"、"汇总收款凭证——借方科目：银行存款"分别设置。汇总时，根据汇总期内（5天或10天）全部现金、银行存款收款凭证，分别按与该设置科目（库存现金或银行存款）相对应的贷方科目进行归类、汇总填列一次，结算出汇总收款凭证的合计数，据此登记总分类账。可见，凡是与现金和银行存款收入有关的业务，大都汇总于汇款收款凭证，反映"库存现金"和"银行存款"科目的借方发生额，以及与"库存现金"和"银行存款"科目借方相对应的各科目的贷方发生额。只有将现金送存银行和从银行提取现金两种业务的借方发生额是在汇总付款凭证中。

2. 汇总付款凭证的编制

汇总付款凭证是根据现金付款凭证、银行存款付款凭证定期汇总编制的汇总记账凭证。其编制方法是：分别按库存现金、银行存款科目的贷方设置汇总付款凭证，即按"汇总付款凭证——贷方科目：库存现金"、"汇总付款凭证——贷方科目：银行存款"分别设置。汇总时，根据汇总期内（5天或10天）全部现金、银行存款付款凭证，分别按与该设置科目（库存现金或银行存款）相对应的借方科目进行归类、汇总填列，结算出汇总付款凭证的合计数，据此登记总分类账。可见，凡是与现金和银行存款付出有关的业务，全部都汇总于汇总付款凭证，反映"库存现金"和"银行存款"科目的贷方发生额，以及与"库存现金"和"银行存款"科目贷方相对应的各种科目的借方发生额。

3. 汇总转账凭证的编制

汇总转账凭证是根据转账凭证定期汇总编制的汇总记账凭证。其编制方法是，按转账凭证中所涉及的每一贷方科目设置，分别编制汇总转账凭证。汇总时，按与设置的贷方科目相对应的借方科目进行归类。汇总填列，结算出汇总转账凭证的合计数，据此登记总分类账中有关科目的借方和该设置科目的贷方。可见，凡是与现金和银行存款收付无关的业务，全部汇总于汇总转账凭证上，反映出不与现金和银行存款科目发生对应关系的各种科目的借方发生额和贷方发生额。

汇总记账凭证可以每汇总一次即编制一张，也可定期汇总、每月编制一张。

以上三种汇总记账凭证，每汇总一次即编制一张，在此不一一介绍，现对定期汇总、每月编制一张的格式介绍如下（见表4-3-31、表4-3-32、表4-3-33）。

表4-3-31 汇总收款凭证

借方科目：银行存款　　　　　　　　　　年　月　　　　　　　　　　第　号

贷方科目	金　额				总账页数	
	1~10日凭证	11~20日凭证	21~30（31）日凭证	合计	借方	贷方
主营业务收入						
应收账款						
营业外收入						
合计						

表 4-3-32 汇总付款凭证

贷方科目：银行存款 年 月 第 号

借方科目	金 额				总账页数	
	1~10 日凭证	11~20 日凭证	21~30（31）日凭证	合计	借方	贷方
材料采购						
销售费用						
管理费用						
其他应付款						
合计						

表 4-3-33 汇总转账凭证

贷方科目：原材料 年 月 第 号

借方科目	金 额				总账页数	
	1~10 日凭证	11~20 日凭证	21~30（31）日凭证	合计	借方	贷方
生产成本						
在建工程						
制造费用						
合计						

小链接

采用收、付、转凭证的企业，汇总时可分别按收、付、转凭证汇总，如果采用通用记账凭证，可以定期或按一定时段汇总。

（四）汇总记账凭证账务处理程序的优缺点和适用范围

（1）优点。由于是根据汇总记账凭证登记总分类账，因此，大大减少了登记总分类账的工作量，且编制的汇总记账凭证能够反映账户之间的对应关系，有利于对经济活动情况进行分析和检查。

（2）缺点。首先，由于汇总转账凭证是按贷方科目归类汇总的，而不是按经济业务的性质归类汇总，因而不利于对日常工作的合理分工；其次，编制汇总记账凭证的工作量较大，特别是在同一贷方科目的转账凭证为数不多时，会增加凭证的汇总工作量，难以起到简化记账工作的作用。

（3）适用范围。鉴于上述优点，该处理程序适用于经营规模大、经济业务量较多、财务机构健全、分工明确的企业。

任务实施

（1）要求学生熟悉汇总记账凭证账务处理程序的步骤。

（2）要求学生了解汇总记账凭证账务处理程序的优缺点与适用范围。

三、科目汇总表账务处理程序

（一）概念、特点、凭证和账簿的设置

（1）概念。科目汇总表账务处理程序是根据记账凭证定期编制科目汇总表，并据以登记总分类账的一种账务处理程序。

（2）特点。对记账凭证要定期汇总，并根据科目汇总表登记总分类账。这种科目汇总表是一种不反映科目对应关系的汇总凭证。

（3）凭证的设置。在科目汇总表账务处理程序下，记账凭证的设置，既可采用一种通用格式的记账凭证，也可采用"收款凭证"、"付款凭证"和"转账凭证"三种格式。此外，为了对记账凭证进行汇总，还应设置"科目汇总表"。

（4）账簿的设置。在科目汇总表账务处理程序中，应设置现金日记账、银行存款日记账、明细分类账和总分类账。

日记账和总分类账，通常采用"三栏式"订本账，明细分类账应根据管理需要进行设置，可分别采用"三栏式"、"数量金额式"或"多栏式"活页账。

（二）科目汇总表的编制方法

科目汇总表的编制方法：定期（如5天或10天）将汇总期内的全部记账凭证，按会计科目分别加总其本期借方发生额和贷方发生额，并将其借方发生额合计数、贷方发生额合计数分别填在科目汇总表中各相应会计科目的"借方金额"栏和"贷方金额"栏内。按会计科目汇总完后，分别加总所有会计科目的借方发生额和贷方发生额，进行发生额的试算平衡，公式为：

所有会计科目的本期借方发生额合计=所有会计科目的本期贷方发生额合计

科目汇总表的汇总时间，根据本单位业务量的多少而定，业务量大的可以每日汇总，业务量少的可以定期（如3天或10天）汇总，但一般不得超过10天。

科目汇总表可以每汇总一次即编制一张，如表4-3-34所示，也可定期汇总，每月编制一张，如表4-3-34、表4-3-35所示。

表4-3-34 科目汇总表
年 月 日

会计科目	借方发生额	贷方发生额	总账页码
库存现金			
银行存款			
应收账款			
应收票据			
合计			

表 4-3-35 科目汇总表

年　月　日

会计科目	1~10 日		11~20 日		21~30（31）日		本月合计	
	借方合计	贷方合计	借方合计	贷方合计	借方合计	贷方合计	借方合计	贷方合计
库存现金								
银行存款								
应收账款								
应收票据								
合计								

对记账凭证上的会计科目进行归类汇总时，可以分两次进行：先把汇总期内的全部记账凭证只按借方科目归类汇总，然后分别将各科目的汇总金额填入科目汇总表中该科目的"借方发生额"栏；再把汇总期内的全部记账凭证只按贷方科目归类汇总，然后分别将各科目的汇总金额填入科目汇总表中该科目"贷方发生额"栏。

（三）科目汇总表账务处理程序的内容

科目汇总表账务处理程序的步骤如图 4-3-4 所示。

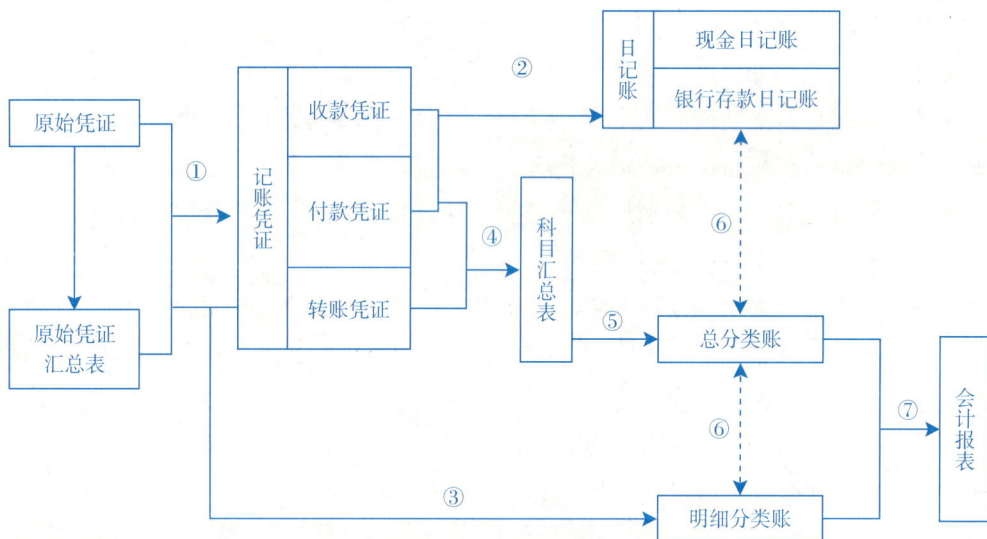

图 4-3-4　科目汇总表账务处理程序

（1）根据原始凭证或原始凭证汇总表编制记账凭证（收款凭证、付款凭证、转账凭证）（见图中①）。

（2）根据收款凭证和付款凭证登记现金日记账和银行存款日记账（见图中②）。

（3）根据记账凭证及所附原始凭证或原始凭证汇总表，登记各种明细分类账（见图中③）。

（4）根据记账凭证，每日或定期编制科目汇总表（见图中④）。

（5）根据科目汇总表，每日或定期登记总分类账（见图中⑤）。

（6）根据对账要求，定期将现金日记账、银行存款日记账、明细分类账的相关记录分别与总分类账的相关记录核对相符（见图中⑥）。

（7）月末，根据总分类账和明细分类账的有关资料编制会计报表（见图中⑦）。

（四）科目汇总表账务处理程序的优缺点和适用范围

（1）优点。记账的层次比较清楚，容易掌握，由于根据科目汇总表登记总分类账，因此，大大减少了登记总分类账的工作量；通过科目汇总表的编制，将各科目本期借、贷方发生额的合计数进行试算平衡，可以及时发现填制凭证和汇总过程中的错误，从而保证了记账工作的质量。

（2）缺点。在科目汇总表中不能反映会计科目间的对应关系，因此，从总分类账来看，不能反映经济业务的来龙去脉，不利于对经济活动情况进行分析和检查。

（3）适用范围。鉴于上述优缺点，该处理程序广泛适用于经营规模较大、经济业务量较多的企业。

✏ 小链接

科目汇总表账务处理程序与记账凭证账务处理程序的不同之处，在于进行科目汇总后再登记总账，大大减少了登记总账的工作量，其他步骤是相同的。

（五）科目汇总表账务处理程序应用实例（以【例4-3-1】中的业务资料为例）

（1）步骤二、步骤三与记账凭证账务处理程序一致。

（2）根据各种记账凭证编制科目汇总表，见表4-3-36。

表4-3-36 科目汇总表
2014 年 4 月

会计科目	1~10日		11~20日		21~30日		本月合计		账页
	借方	贷方	借方	贷方	借方	贷方	借方	贷方	
库存现金		3000		1000	500		500	4000	
银行存款	60000	14400				3500	60000	17900	
其他应收款	3000					3000	3000	3000	
原材料	14400			4000			14400	4000	
库存商品						40000		40000	
应交税费						4375		4375	
本年利润					51375	60000	51375	60000	
生产成本			4000				4000		
主营业务收入		60000			60000		60000	60000	
主营业务成本					40000	40000	40000	40000	
营业税金及附加					1500	1500	1500	1500	
销售费用			1000			1000	1000	1000	

会计科目	1~10 日		11~20 日		21~30 日		本月合计		账页
	借方	贷方	借方	贷方	借方	贷方	借方	贷方	
管理费用					4000	4000	4000	4000	
财务费用					2000	2000	2000	2000	
所得税费用					2875	2875	2875	2875	
合　计	77400	77400	5000	5000	162250	162250	244650	244650	

（3）根据科目汇总表登记总分类账，具体登记情况见表 4-3-37 至表 4-3-57。

表 4-3-37　总分类账

会计科目：库存现金

2014 年		凭证		摘要	借方	贷方	借或贷	余额
月	日	字	号					
4	1			上年结转			借	8000
	10	科汇	1	1~10 日发生额		3000	借	5000
	20	科汇	1	11~20 日发生额		1000	借	4000
	30	科汇	1	21~30 日发生额	500		借	4500
	30			本月合计	500	4000	借	4500

表 4-3-38　总分类账

会计科目：银行存款

2014 年		凭证		摘要	借方	贷方	借或贷	余额
月	日	字	号					
4	1			月初余额			借	50000
	10	科汇	1	1~10 日发生额	60000	14400	借	95600
	30	科汇	1	21~30 日发生额		3500	借	92100
	30			本月合计	60000	17900	借	92100

表 4-3-39　总分类账

会计科目：其他应收款

2014 年		凭证		摘要	借方	贷方	借或贷	余额
月	日	字	号					
4	1			月初余额			平	0
	10	科汇	1	1~10 日发生额	3000		借	3000
	30	科汇	1	21~30 日发生额		3000	平	0
	30			本月合计	3000	3000	平	0

表 4-3-40 总分类账

会计科目：原材料

2014 年		凭证		摘要	借方	贷方	借或贷	余额
月	日	字	号					
4	1			月初余额			借	3000
	10	科汇	1	1~10 日发生额	14400		借	17400
	30	科汇	1	21~30 日发生额		4000	借	13400
	30			本月合计	14400	4000	借	13400

表 4-3-41 总分类账

会计科目：库存商品

2014 年		凭证		摘要	借方	贷方	借或贷	余额
月	日	字	号					
4	1			月初余额			借	60000
	30	科汇	1	21~30 日发生额		40000	借	40000
	30			本月合计		40000	借	20000

表 4-3-42 总分类账

会计科目：固定资产

2014 年		凭证		摘要	借方	贷方	借或贷	余额
月	日	字	号					
4	1			月初余额			借	250000
	30			本月合计			借	250000

表 4-3-43 总分类账

会计科目：累计折旧

2014 年		凭证		摘要	借方	贷方	借或贷	余额
月	日	字	号					
4	1			月初余额			借	30000
	30			本月合计			借	30000

表 4-3-44 总分类账

会计科目：短期借款

2014 年		凭证		摘要	借方	贷方	借或贷	余额
月	日	字	号					
4	1			月初余额			借	43000
	30			本月合计			借	43000

表 4-3-45 总分类账

会计科目：应交税费

2014 年		凭证		摘要	借方	贷方	借或贷	余额
月	日	字	号					
4	30	科汇	1	21~30 日发生额		4375	贷	4375
	30			本月合计		4375	贷	4375

表 4-3-46　总分类账

会计科目：长期借款

2014 年		凭证		摘要	借方	贷方	借或贷	余额
月	日	字	号					
4	1			月初余额			贷	73000
	30			本月合计			贷	73000

表 4-3-47　总分类账

会计科目：实收资本

2014 年		凭证		摘要	借方	贷方	借或贷	余额
月	日	字	号					
4	1			月初余额			贷	205000
	30			本月合计			贷	205000

表 4-3-48　总分类账

会计科目：盈余公积

2014 年		凭证		摘要	借方	贷方	借或贷	余额
月	日	字	号					
4	1			月初余额			贷	40000
	30			本月合计			贷	40000

表 4-3-49　总分类账

会计科目：本年利润

2014 年		凭证		摘要	借方	贷方	借或贷	余额
月	日	字	号					
4	30	科汇	1	21~30 日发生额	51375	60000	贷	8625
	30			本月合计	51375	60000	贷	8625

表 4-3-50　总分类账

会计科目：生产成本

2014 年		凭证		摘要	借方	贷方	借或贷	余额
月	日	字	号					
4	1			月初余额			借	20000
	20	科汇	1	11~21 日发生额	4000		借	24000
	30			本月合计	4000		借	24000

表 4-3-51　总分类账

会计科目：主营业务收入

2014 年		凭证		摘要	借方	贷方	借或贷	余额
月	日	字	号					
4	10	科汇	1	1~10 日发生额		60000	贷	60000
	30	科汇	1	21~30 日发生额	60000		平	0
	30			本月合计	60000		平	0

表 4-3-52 总分类账

会计科目：主营业务成本

2014 年		凭证		摘要	借方	贷方	借或贷	余额
月	日	字	号					
4	30	科汇	1	21~30 日发生额	40000	40000	平	0
	30			本月合计	40000	40000	平	0

表 4-3-53 总分类账

会计科目：营业税金及附加

2014 年		凭证		摘要	借方	贷方	借或贷	余额
月	日	字	号					
4	30	科汇	1	21~30 日发生额	1500	1500	平	0
	30			本月合计	1500	1500	平	0

表 4-3-54 总分类账

会计科目：销售费用

2014 年		凭证		摘要	借方	贷方	借或贷	余额
月	日	字	号					
4	10	科汇	1	1~10 日发生额	1000		贷	1000
	30	科汇	1	21~30 日发生额		1000	平	0
	30			本月合计	1000	1000	平	0

表 4-3-55 总分类账

会计科目：管理费用

2014 年		凭证		摘要	借方	贷方	借或贷	余额
月	日	字	号					
4	30	科汇	1	21~30 日发生额	4000	4000	平	0
	30			本月合计	4000	4000	平	0

表 4-3-56 总分类账

会计科目：财务费用

2014 年		凭证		摘要	借方	贷方	借或贷	余额
月	日	字	号					
4	30	科汇	1	21~30 日发生额	2000	2000	平	0
	30			本月合计	2000	2000	平	0

表 4-3-57 总分类账

会计科目：所得税费用

2014 年		凭证		摘要	借方	贷方	借或贷	余额
月	日	字	号					
4	30	科汇	1	21~30 日发生额	2875	2875	平	0
	30			本月合计	2875	2875	平	0

（4）月末，编制资产负债表和利润表，同前述一致。

小链接

记账凭证账务处理程序、汇总记账凭证账务处理程序与科目汇总表账务处理程序的异同点见表 4-3-58。

表 4-3-58　不同账务处理程序的比较

账务处理程序	相同点	不同点
记账凭证账务处理程序	收集、整理原始凭证，填制记账凭证，登记日记账，登记明细分类账，编制会计报表的处理完全一致	根据记账凭证直接登记总分类账 （记账凭证 ——→ 总分类账）
汇总记账凭证账务处理程序		根据记账凭证编制汇总记账凭证，再根据汇总记账凭证登记总分类账 （记账凭证 ——→ 汇总记账凭证 ——→ 总分类账）
科目汇总表账务处理程序		根据记账凭证编制科目汇总表，再根据科目汇总表登记总分类账 （记账凭证 ——→ 科目汇总表 ——→ 总分类账）

任务实施

（1）要求学生熟悉科目汇总表账务处理程序的方法和步骤。

（2）要求学生了解科目汇总表账务处理程序的优缺点与适用范围。

（3）完成相关实训。

项目四　会计报告

　　年底了，同事们开始编制各种报表，看着他们忙碌地工作，小萌不禁问他们为什么要编制财务报表，同事们都说这一年的工作成果全都体现在这几张报表上了。可是，什么是财务报表？财务报表有什么作用呢？

🔍 学习目标

知识目标
（1）明确会计工作的最终目标——编制财务会计报告。
（2）了解财务会计报告的内容、结构。

技能目标
（1）学会编制小型企业的资产负债表。
（2）学会编制小型企业的利润表。

任务一　认识会计报告

🚀 任务描述

　　通过本项目的学习，要求同学明确什么是会计报告，会计报告有哪些内容，它的编制要求是什么。

📚 知识平台

一、财务会计报告的概念

　　（一）财务会计报告的概念
　　财务会计报告是指企业对外提供的反映企业某一特定日期的财务状况和某一会计期间的经营成果、现金流量等会计信息的文件。
　　（二）编制财务会计报告的意义
　　会计工作的目的是向单位的管理者和决策者提供财务会计报告，是为财务会计报告使用者进行经营决策提供会计信息。财务会计报告的使用者千差万别，不同的使用者对财务会计报告所提供信息的要求各有侧重。

（1）对企业本身来说，通过财务会计报告，可以使企业管理人员和职工全面了解和掌握企业的生产经营及财务状况。有利于企业对经营活动进行分析、考核、评价，并且利用财务会计报告提供的信息资料进行经济预测和决策，不断提高企业的经营管理水平与经济效益。

（2）对投资人、债权人和其他利害关系人来说，通过财务会计报告所披露的信息数据，可以了解企业的财务状况和偿债能力，作为投资、贷款和贸易的决策依据。

（3）对财政、税务、审计及企业上级主管部门来说，通过财务会计报告，可以了解企业经营资金的构成及使用是否合理，检查企业税收的计算是否正确，应交税费是否及时、足额缴库，监督企业在经营活动与会计核算中有无违法违纪问题，考核企业的经营业绩及各项经济政策贯彻执行情况，从而更好地发挥宏观调控与经济监督的作用。

二、财务会计报告的内容

（一）财务会计报告的主要内容

财务会计报告包括会计报表及其附注和其他应当在财务会计报告中披露的相关信息和资料。主要包括：

1. 会计报表

会计报表是企业财务会计报告的主要组成部分，是财务会计报告的主体和核心。它是企业、单位会计部门在日常会计核算的基础上定期编制的、综合反映财务状况和经营成果的书面文件。

2. 会计报表附注

会计报表附注是财务会计报告不可或缺的组成部分，是对资产负债表、利润表、现金流量表和所有者权益变动表等报表中列示的项目的文字描述或明细资料，以及未能在这些报表中列示项目的说明等。

会计报表附注主要包括会计报表编制基础、会计报表中重要项目的详细说明、重要会计政策和会计估计的说明等。会计报表体现的是经过分类与汇总后的数字结果；而会计报表附注表现为明细资料和文字描述，与会计报表中列示的项目相互参照，便于会计报表外部使用者更清楚地了解企业或单位的财务状况、经营成果和现金流量。

小链接

财务会计报告分为年度、半年度、季度和月度财务会计报告。其中半年度、季度和月度财务会计报告统称为"中期财务报告"，"中期"是指短于一个会计年度的报告期间。季度、月度财务会计报告通常仅指会计报表，至少应当包括资产负债表和利润表。

（二）财务报表的分类

作为财务会计报告的最重要部分，会计报表是我们学习的重点，一般有如下分类方式：

1. 按照所反映的资金运动方式不同，可分为静态报表和动态报表

（1）静态报表是指综合反映企业在某一特定日期的资产、负债和所有者权益的会计报表，如资产负债表。

（2）动态报表是指反映一定时期经营情况和现金流动情况的会计报表，如利润表、现金流量表、所有者权益变动表等。

小链接

小企业编制的会计报表可以不包括现金流量表和所有者权益变动表。一般情况下，只有国有企业和上市企业需要编制所有者权益变动表。

2. 按服务对象不同，可以分为对外报表和内部报表

（1）对外报表是企业必须定期编制，定期向上级主管部门、投资者、财税部门等报送或按规定向社会公布的财务报表。这是一种主要的、定期的、规范化的财务报表，它有统一的报表格式、指标体系和编制时间等要求。资产负债表、利润表和现金流量表等均属于对外报表。

（2）内部报表是企业根据其内部经营管理的需要而编制的，供其内部管理人员使用的财务报表。它不要求统一格式，没有统一指标体系，如成本报表属于内部报表。

3. 按编制和报送的时间不同，可分为中期财务报表和年度财务报表

中期财务报表包括月度、季度、半年度财务报表。年度财务报表是全面反映企业整个会计年度的经营成果、现金流量情况及年末财务状况的财务报表。

此外，会计报表按编报单位不同分为基层财务报表和汇总财务报表，按编报的会计主体不同分为个别报表和合并报表。

三、财务会计报告的编制要求

1. 数字真实

财务报表中的各项数据必须真实可靠，如实地反映企业的财务状况、经营成果和现金流量。这是对会计信息质量的基本要求。

2. 内容完整

财务报表应当反映企业经济活动的全貌，全面反映企业的财务状况和经营成果，才能满足各方面对会计信息的需要。凡是国家要求提供的财务报表，各企业必须全部编制并报送，不得漏编和漏报。凡是国家统一要求披露的信息，都必须披露。

3. 计算准确

日常的会计核算以及编制财务报表，涉及大量的数字计算，只有准确的计算，才能保证数字的真实可靠。这就要求编制财务报表必须以核对无误后的账簿记录和其他有关资料为依据，不能使用估计或推算的数据，更不能以任何方式弄虚作假，玩数字游戏或隐瞒谎报。

4. 报送及时

及时性是信息的重要特征，财务报表信息只有及时地传递给信息使用者，才能为使用者的决策提供依据。否则，即使是真实可靠和内容完整的财务报告，由于编制和报送不及时，对报告使用者来说，也会大大降低会计信息的使用价值。

小链接

根据《企业会计准则》和《税法》的规定，纳税人会计报表的报送期限为：按季度报送的在季度终了后 15 日内报送；按年度报送的内资企业（不含上市公司）在年度终了后 45 天内报送；外商投资企业、外国企业和上市公司在年度终了后 4 个月内报送。

5. 手续完备

企业对外提供的财务报表应加具封面、装订成册、加盖公章。财务报表封面上应当注明：企业名称、企业统一代码、组织形式、地址、报表所属年度或者月份、报出日期，并由企业负责人和主管会计工作的负责人、会计机构负责人（会计主管人员）签名并盖章；设置总会计师的企业，还应当由总会计师签名并盖章。

想一想

为了确保财务报表数据的正确性，在编制报表之前还需要做哪些工作？

由于编制财务报表的直接依据是会计账簿，所有报表的数据都来源于会计账簿，因此为保证财务报表数据的正确性，编制报表之前必须做好对账和结账工作，做到账证相符、账账相符、账实相符以保证报表数据的真实准确。

任务实施

（1）要求同学明确什么是会计报告。
（2）要求同学举例说明会计报告包含的内容。
（3）要求同学明确会计报告的编制要求，并举例说明这些要求的必要性。

任务二 了解资产负债表

任务描述

通过学习，要求学生了解什么是资产负债表，资产负债表的特点是什么，复习与它相关的会计等式。

知识平台

一、资产负债表的结构

（一）资产负债表的概念

同事们教小萌的第一种表叫作资产负债表，那么，什么是资产负债表？资产负债表的作用是什么？如何来编制呢？

资产负债表是反映企业在某一特定日期（通常为各会计期末）的财务状况（资产、负债和所有者权益）的报表。

（二）资产负债表的结构

资产负债表通常包括表首、表体两部分。

（1）表首：表首概括地说明报表名称、编制单位、编制日期、报表编号、货币名称、计量单位等。

（2）表体：表体是资产负债表的主体，列示用以说明企业财务状况的各个项目。此外，为了便于比较企业的资产结构及数量的变化，每个项目又分为"期末余额"和"年初余额"两栏分别填列。

一般企业的资产负债表简要格式如表4-4-1所示。

表 4-4-1 资产负债表

会企 01 表

编制单位：　　　　　　　　　　　　年　月　日　　　　　　　　　　　　单位：元

资产	年初数	期末数	负债和所有者权益（股东权益）	年初数	期末数
流动资产：			流动负债：		
货币资金			短期借款		
交易性金融资产			交易性金融负债		
应收票据			应付票据		
应收账款			应付账款		
预付款项			预收款项		
应收股利			应付职工薪酬		
应收利息			应交税费		
其他应收款			应付利息		

续表

资产	年初数	期末数	负债和所有者权益（股东权益）	年初数	期末数
存货			应付股利		
一年内到期的非流动资产			其他应付款		
其他流动资产			一年内到期的非流动负债		
流动资产合计			其他流动负债		
非流动资产：			流动负债合计		
可供出售的金融资产			非流动负债：		
持有至到期投资			长期借款		
长期应收款			应付债券		
长期股权投资			长期应付款		
投资性房地产			专项应付款		
固定资产			预计负债		
在建工程			递延所得税负债		
工程物资			其他非流动负债		
固定资产清理			非流动负债合计		
无形资产			负债合计		
开发支出			所有者权益（或股东权益）：		
商誉			实收资本（或股本）		
长期待摊费用			资本公积		
递延所得税资产			盈余公积		
其他非流动资产			未分配利润		
非流动资产合计			所有者权益（或股东权益）合计		
资产总计			负债和所有者权益（或股东权益）总计		

由表 4-4-1 可知，资产负债表是根据会计恒等式"资产 = 负债 + 所有者权益"，将报表分成左右两方的结构。其中：

左方列示资产各项目，反映全部资产项目的金额。按其流动性分类分项列示，依次为流动资产、长期投资、固定资产、无形资产及其他资产。

右方列示负债及所有者权益各项目的金额，反映负债及所有者权益各项目的分布及数量。负债也按流动性大小进行列示，具体分为流动负债、非流动负债等；所有者权益则按实收资本、资本公积、盈余公积、未分配利润等项目分项列示。

依据资产、负债和所有者权益之间的永恒关系，编制好的资产负债表左右双方一定相等，资产总额要等于负债总额加所有者权益总额。

二、资产负债表的编制

（一）表首的编制

表首的编制主要是日期的填列，为报告期中的某一天的日期，如 ×××× 年 × 月 × 日，一般为月末、季末、半年末和年末最后一天，例如，2013 年 12 月 31 日。

（二）表体的编制

表体的数字填列基本都是通过对日常会计核算记录的数据加以归集、整理来实现的。

（1）"年初余额"栏内各项目的数字，可根据上年末资产负债表"期末余额"栏相应项目的数字填列。如果本年度资产负债表规定的各个项目的名称和内容与上年度不一致，应当将上年末资产负债表各个项目的名称和数字按照本年度的规定进行调整。

（2）"期末余额"栏各项目的填列方法如下：

1）根据总账账户期末余额直接填列。资产负债表中大多数项目的"期末余额"可以根据有关总账账户的期末余额直接填列，如"交易性金融资产"、"应收票据"、"固定资产清理"、"工程物资"、"递延所得税资产"、"短期借款"、"交易性金融负债"、"应付票据"、"应付职工薪酬"、"应交税费"、"递延所得税负债"、"预计负债"、"实收资本"、"资本公积"、"盈余公积"等项目。这些项目中，"应交税费"等负债项目，如果其相应账户出现借方余额，应以"－"号填列；"固定资产清理"等资产项目，如果其相应的账户出现贷方余额，也应以"－"号填列。

2）根据总账账户期末余额计算填列。

A．"货币资金"项目，应根据"库存现金"、"银行存款"和"其他货币资金"等账户的期末余额合计填列。

B．"存货"项目，应根据"材料采购（或在途物资）"、"原材料"、"周转材料"、"库存商品"、"委托加工物资"、"生产成本"等账户的期末余额之和，减去"存货跌价准备"账户期末余额后的金额填列。

C．"固定资产"项目，应根据"固定资产原价"账户的期末余额减去"累计折旧"、"固定资产减值准备"账户期末余额后的净额填列。

D．"无形资产"项目，应根据"无形资产"账户的期末余额减去"累计摊销"、"无形资产减值准备"账户期末余额后的净额填列。

E．"在建工程"、"长期股权投资"和"持有至到期投资"项目，均应根据其相应总账账户的期末余额减去其相应减值准备后的净额填列。

F．"长期待摊费用"项目，根据"长期待摊费用"账户期末余额扣除其中将于一年内摊销的数额后的金额填列，将于一年内摊销的数额填列在"一年内到期的非流动资产"项目内。

G．"长期借款"和"应付债券"项目，应根据"长期借款"和"应付债券"账户的期末余额，扣除其中在资产负债表日起一年内到期，且企业不能自主地将清偿义务展期的部分后的金额填列，在资产负债表日起一年内到期且企业不能自主地将清偿义务展期的部分在流动负债类下的"一年内到期的非流动负债"项目中反映。

H．"未分配利润"项目，应根据"本年利润"账户和"利润分配"账户的期末余额计算填列，如为未弥补亏损，则在本项目内以"－"号填列，年末结账后，"本年利润"

账户已无余额，"未分配利润"项目应根据"利润分配"账户的年末余额直接填列，贷方余额以正数填列，如为借方余额，应以"-"号填列。

3）根据明细账户期末余额分析计算填列。资产负债表中另一部分项目的"期末余额"需要根据有关明细账户的期末余额分析计算填列。

A."应收账款"项目，应根据"应收账款"账户和"预收账款"账户所属明细账户的期末借方余额合计数，减去"坏账准备"账户中有关应收账款计提的坏账准备期末余额后的金额填列。

B."预付款项"项目，应根据"预付账款"账户和"应付账款"账户所属明细账户的期末借方余额合计数，减去"坏账准备"账户中有关预付款项计提的坏账准备期末余额后的金额填列。

C."应付账款"项目，应根据"应付账款"账户和"预付账款"账户所属明细账户的期末贷方余额合计数填列。

D."预收款项"项目，应根据"预收账款"账户和"应收账款"账户所属明细账户的期末贷方余额合计数填列。

以上为资产负债表中主要项目的填列方法，现以某小企业发生的交易、事项为例，以其结账后的账户余额资料和上年末（即本年初）资产负债表中的数字来说明资产负债表的编制方法。

【例 4-4-1】宏达公司有关账户 2014 年年初数及 2014 年 12 月 31 日有关账户余额见表 4-4-2。

表 4-4-2　宏达公司总分类账户期末余额表
2014 年 12 月 31 日　　　　　　　　　　　　单位：元

账户名称	年初数	期末数	账户名称	年初数	期末数
库存现金	560	890	累计折旧	58000	62000
银行存款	123000	120900	短期借款	20000	40000
应收账款	109460	130540	应付账款	88200	65094
预付账款	50000	60000	预收账款	30000	80000
其他应收款	4000	8000	其他应付款	10000	5000
原材料	74603	88518	应付职工薪酬	28800	40807
生产成本	44680	48706	应交税费	15808	35808
库存商品	34600	40500	长期借款	100000	100000
长期股权投资	50000	50000	实收资本	150000	150000
固定资产	296000	396000	资本公积	24090	30090
			盈余公积	12005	40255
			未分配利润	250000	295000
合计	786903	944054	合计	786903	944054

根据资料编制资产负债表，见表 4-4-3。

表 4-4-3 资产负债表（简表）

编制单位：宏达公司　　　　　　　　　2014 年 12 月 31 日　　　　　　　会企 01 表　单位：元

资产	年初数	期末数	负债和所有者权益（股东权益）	年初数	期末数
流动资产：			流动负债：		
货币资金	123560	121790	短期借款	20000	40000
交易性金融资产			交易性金融负债		
应收票据			应付票据		
应收账款	109460	130540	应付账款	88200	65094
预付款项	50000	60000	预收款项	30000	80000
应收股利			应付职工薪酬	28800	40807
应收利息			应交税费	15808	35808
其他应收款	4000	8000	应付利息		
存货	153883	177724	应付股利		
一年内到期的非流动资产			其他应付款	10000	5000
其他流动资产			一年内到期的非流动负债		
流动资产合计	440903	498054	其他流动负债		
非流动资产：			流动负债合计	192808	266709
可供出售的金融资产			非流动负债：		
持有至到期投资			长期借款	100000	100000
长期应收款			应付债券		
长期股权投资	50000	50000	长期应付款		
投资性房地产			专项应付款		
固定资产	238000	334000	预计负债		
在建工程			递延所得税负债		
工程物资			其他非流动负债		
固定资产清理			非流动负债合计	100000	100000
无形资产			负债合计	292808	366709
开发支出			所有者权益（或股东权益）：		
商誉			实收资本（或股本）	150000	150000
长期待摊费用			资本公积	24090	30090
递延所得税资产			盈余公积	12005	40255
其他非流动资产			未分配利润	250000	295000
非流动资产合计	288000	384000	所有者权益（或股东权益）合计	436095	515345
资产总计	728903	882054	负债和所有者权益（或股东权益）总计	728903	882054

小链接

表4-4-3中有关项目填制方法如下：

"货币资金"="库存现金"+"银行存款"

在表4-4-3中，年初货币资金＝560＋123000＝123560（元）；

期末货币资金＝890＋120900＝121790（元）。

"存货"="原材料"+"生产成本"+"库存商品"

在表4-4-3中，年初存货＝74603＋44680＋34600＝153883（元）；

期末存货＝88518＋48706＋40500＝177724（元）。

"固定资产"="固定资产"－"累计折旧"

其余项目直接填列。

（三）编制资产负债表的意义

资产负债表对不同的报表使用者分析评价企业财务状况，据以做出经济决策具有重要的意义，主要表现在以下几个方面：

（1）通过该表可以揭示企业资产的构成及数量，分析企业在某一特定日期所拥有的经济资源及其分布情况。该表中资产的情况在一定程度上可以说明企业的经营规模和盈利基础大小，资产的结构又可反映其生产经营过程的特点，有利于报表使用者进一步分析企业生产经营的稳定性。

（2）通过该表可以揭示企业某一日期的负债总额及结构，分析企业目前与未来需要支付的债务数额。负债总额表示企业应承担的债务的多少，负债和所有者权益的比重反映了企业的财务安全程度。负债结构反映了企业偿还负债的紧迫性和偿债的压力，通过资产负债表可以了解企业负债的基本信息。

（3）通过该表可以揭示企业所有者权益的情况，了解企业现有投资者在企业投资总额中所占的份额。实收资本和留存收益是所有者权益的重要内容，反映了企业投资者对企业的初始投入和资本积累的多少，也反映了企业的资本结构和财务实力，有助于报表使用者分析、预测企业生产经营安全程度和抗风险的能力。

任务实施

（1）要求同学明确什么是资产负债表，并复习与资产负债表相关的会计等式。

（2）发放资产负债表给同学，并引出案例要求他们结合书上的相关内容填列。

（3）填列完成后，由教师指导同学订正，并进行讨论。

任务三 了解利润表

任务描述

通过学习，要求学生了解什么是利润表，利润表的特点有哪些，熟知与利润表相关的营业利润、利润总额以及净利润的公式。

知识平台

一、利润表的结构

（一）利润表的概念

学会了资产负债表以后，财务室的同事们开始教小萌填报利润表。什么是利润表？利润表的作用是什么？如何来编制呢？

利润表是反映企业在某一会计期间经营成果的报表，即反映实现的收入和发生的费用以及利润（或亏损）形成情况的财务报表。

（二）利润表的结构

利润表一般由表首、表体两个部分组成。

（1）表首。表首部分列示报表的名称、编制单位、货币计量单位和该表反映的年度、月份等内容。

（2）表体。表体部分以若干个相互联系的报表项目反映编表期间企业收入、费用和利润的组成内容及其总额。此外，为了使报表使用者通过比较不同期间利润的实现情况，判断企业经营成果的未来发展趋势，利润表还就各项目再分为"本期金额"和"上期金额"两栏分别填列。

一般企业的利润表简要格式如表4-4-4所示。

表4-4-4 利润表　　　　　　　　　　会企02表

编制单位：　　　　　　　　年　月　　　　　　　　单位：元

项目	本期金额	上期金额
一、主营业务收入		
减：主营业务成本		
主营业务税金及附加		
销售费用		
管理费用		
财务费用		
资产减值损失		
加：公允价值变动收益（损失以"–"号填列）		
投资收益（损失以"–"号填列）		
其中：对联营企业和合营企业的投资收益		

续表

项目	本期金额	上期金额
二、营业利润（亏损以"－"号填列）		
加：营业外收入		
减：营业外支出		
其中：非流动资产处置损失		
三、利润总额（亏损总额以"－"号填列）		
减：所得税费用		
四、净利润（净亏损以"－"号填列）		

由表 4-4-4 可知，利润表是通过对收入、费用和利润及其所包括的项目之间的内在关系，以一定的格式排序编制而成的。其编表的依据是"收入－费用＝利润"，按性质加以归类，按利润形成的主要环节列示一些中间性利润指标，分步计算当期净损益。它分为四个层次：

第一层次是构成主营业务利润的各项要素。从主营业务收入出发，减去为取得主营业务收入而发生的相关费用、税金后得出主营业务利润。

第二层次是构成营业利润的各项要素。在计算主营业务利润的基础上，加其他业务利润、加（减）投资收益（损失），减营业费用、管理费用、财务费用后得出营业利润。

第三层次是构成利润总额（或亏损总额）的各项要素。在营业利润的基础上加补贴收入、营业外收支后得出利润总额。

第四层次构成净利润（或净亏损）的各项要素。在利润总额（或亏损总额）的基础上，减去本期计入损益的所得税费用后得出净利润。

想一想

还记得求营业利润、利润总额以及净利润的公式吗？

二、利润表的编制

（一）表首的编制

表首的编制主要是日期的填列，为报告期中的某一段的时间，例如，2013 年 12 月。

（二）表体的编制

表体的数字填列基本都是通过对日常会计核算记录的数据加以归集、整理来实现的。

（1）"上期金额"栏各项目应根据上年度该期利润表的"本期金额"栏内填写的数字填列。若上期利润表规定的各个项目名称和内容与本期不一致，应对上期利润表各项目的名称和金额按本期的规定进行调整，填入本表的"上期金额"栏内。

（2）"本期金额"栏各项目根据有关账户的发生额进行分析、计算填列。主要项目的填列方法如下：

1）"主营业务收入"项目，反映企业经营主要业务所取得的收入总额。本项目应根据"主营业务收入"科目的发生额分析填列。

2）"主营业务成本"项目，反映企业经营主要业务发生的实际成本。本项目应根据"主营业务成本"科目的发生额分析填列。

3）"主营业务税金及附加"项目，反映企业经营主要业务应负担的营业税、消费税、城市维护建设税、资源税、土地增值税和教育费附加等。本项目应根据"主营业务税金及附加"科目的发生额分析填列。

4）"其他业务利润"项目，反映企业除主营业务以外取得的收入，减去所发生的相关成本、费用以及相关税金及附加等的支出后的净额。本项目应根据"其他业务收入"、"其他业务支出"科目的发生额分析填列。

5）"营业费用"项目，反映企业在销售商品和商品流通企业在购入商品等过程中发生的费用。本项目应根据"营业费用"科目的发生额分析填列。

6）"管理费用"项目，反映企业发生的管理费用。本项目应根据"管理费用"科目的发生额分析填列。

7）"财务费用"项目，反映企业发生的财务费用。本项目应根据"财务费用"科目的发生额分析填列。

8）"投资收益"项目，反映企业以各种方式对外投资所取得的收益。本项目应根据"投资收益"科目的发生额分析填列；如为投资损失，以"-"号填列。

9）"补贴收入"项目，反映企业取得的各种补贴收入以及退回的增值税等。本项目应根据"补贴收入"科目的发生额分析填列。

10）"营业外收入"项目和"营业外支出"项目，反映企业发生的与其生产经营无直接关系的各项收入和支出。这两个项目应分别根据"营业外收入"科目和"营业外支出"科目的发生额分析填列。

11）"利润总额"项目，反映企业实现的利润总额。如为亏损总额，以"-"号填列。

12）"所得税"项目，反映企业按规定从本期损益中减去的所得税。本项目应根据"所得税"科目的发生额分析填列。

13）"净利润"项目，反映企业实现的净利润。如为净亏损，以"-"号填列。

以上为利润表中主要项目的填列方法，现以某小企业损益类账户的资料说明利润表的编制方法。

【例 4-4-2】 宏达公司 2014 年 11 月有关账户余额如表 4-4-5 所示。

表 4-4-5　宏达公司总分类账户期末余额表

表 4-4-5　宏达公司总分类账户期末余额表

2014 年 11 月　　　　　　　　　　　　　单位：元

账户名称	本期发生数	
	借　方	贷　方
主营业务收入		698800
主营业务成本	453000	
营业税金及附加	80500	
销售费用	20000	
管理费用	32000	
财务费用	1500	
投资收益	20000	
营业外收入		5000
营业外支出	8000	
所得税费用	29304	

根据上述资料编制利润表，如表 4-4-6 所示。

表 4-4-6　利润表　　　　　　　　　会企 02 表

编制单位：宏达公司　　　　　　2014 年 11 月　　　　　　　　单位：元

项　目	本期金额	上期金额
一、主营业务收入	698800	
减：主营业务成本	453000	
主营业务税金及附加	80500	
销售费用	20000	
管理费用	32000	
财务费用	1500	
资产减值准备		
加：公允价值变动收益（损失以"-"号填列）		
投资收益（损失以"-"号填列）	-20000	略
其中：对联营企业和合营企业的投资收益		
二、营业利润（亏损以"-"号填列）	91800	
加：营业外收入	5000	
减：营业外支出	8000	
其中：非流动资产处置损失		
三、利润总额（亏损总额以"-"号填列）	88800	
减：所得税费用	29304	
四、净利润（净亏损以"-"号填列）	59496	

（三）编制利润表的意义

利润的多少及其发展趋势是企业生存和发展的关键，也是投资者和债权人关注的焦点。因此，利润表的编制和披露对信息使用者是至关重要的，主要表现在以下几个方面：

（1）通过该表可以从总体上了解企业收入、成本和费用、净利润（或亏损）的实现及构成情况。

（2）通过该表可以揭示单位经营利润的主要来源和构成，有助于使用者判断净利润的质量及其风险，有助于使用者预测净利润的持续性，从而做出正确的决策。

（3）通过该表提供的不同时期的比较数字（上期金额、本期金额），可以分析企业的获利能力及利润的未来发展趋势，了解投资者投入资本的保值增值情况。

任务实施

（1）要求明确什么是利润表，并复习与利润表相关的会计等式和公式。

（2）发放利润表给学生，并引出案例要求学生结合书上的相关内容填列。

（3）填列完成后，由教师指导订正，并进行讨论。

三、现金流量表

（一）现金流量表的结构和内容

现金流量表的结构由表首、表体和补充资料三个部分组成。

（1）表首。表首部分列示报表的名称、编制单位、货币计量单位和该表反映的年度、月份等内容。

（2）表体。表体列示经营活动产生的现金流量，一般是以利润表中的营业收入为起算点，调整与经营活动有关项目的增减变动，然后计算出经营活动产生的现金流量。

（3）补充资料。补充资料是除了表体以外，企业还应该在附注中披露将净利润调节为经营活动的现金流量，以及不涉及现金收支的重大投资和筹资活动、现金及现金等价物净变动情况等信息。

一般企业的现金流量表简要格式如表4-4-7所示。

表4-4-7 现金流量表

编制单位：　　　　　　　　　年　月　　　　　　　　会企03表
单位：元

项　目	本期金额	上期金额
一、经营活动产生的现金流量：		
销售商品、提供劳务收到的现金		
收到的税费返还		
收到其他与经营活动有关的现金		
经营活动现金流入小计		
购买商品、接受劳务支付的现金		
支付给职工以及为职工支付的现金		
支付的各项税费		
支付其他与经营活动有关的现金		

项　目	本期金额	上期金额
经营活动现金流出小计		
经营活动产生的现金流量净额		
二、投资活动产生的现金流量：		
收回投资收到的现金		
取得投资收益收到的现金		
处置固定资产、无形资产和其他长期资产收回的现金净额		
处置子公司及其他营业单位收到的现金净额		
收到其他与投资活动有关的现金		
投资活动现金流入小计		
购建固定资产、无形资产和其他长期资产支付的现金		
投资支付的现金		
取得子公司及其他营业单位支付的现金净额		
支付其他与投资活动有关的现金		
投资活动现金流出小计		
投资活动产生的现金流量净额		
三、筹资活动产生的现金流量：		
吸收投资收到的现金		
取得借款收到的现金		
收到其他与筹资活动有关的现金		
筹资活动现金流入小计		
偿还债务支付的现金		
分配股利、利润或偿付利息支付的现金		
支付其他与筹资活动有关的现金		
筹资活动现金流出小计		
筹资活动产生的现金流量净额		
四、汇率变动对现金及现金等价物的影响		
五、现金及现金等价物净增加额		
加：期初现金及现金等价物余额		
六、期末现金及现金等价物余额		

（二）编制现金流量表的意义

（1）编制现金流量表有助于评价企业支付能力、偿还能力和周转能力。

（2）编制现金流量表有助于预测企业未来现金流量。

（3）编制现金流量表有助于分析企业收益质量及影响现金净流量的因素。

（4）编制现金流量表对以权责发生制为基础的会计报表进行了必要的补充，增强会计信息的可比性，是对资产负债和利润表的补充说明。

想一想

财务报告的作用你都了解了吗？

财务报表

（1）明明白白我的"账"——资产负债表。

（2）秋后算账——利润表。

（3）企业是个蓄水池，钱有进也有出——现金流量表。

小链接

财务报告的未来：从纸上跳跃到网上

国际会计准则理事会（IASB）最需要做的事，就是关注财务报告的未来发展。它应该努力成为财务报告的领导者。财务报告不仅包括IASB现在就应该完善的财务报表，还包括管理者报告、政府报告、企业的社会责任报告等。更重要的是，今天的财务报告还和100年前一样，是在纸上完成的。

在今天，随着网络和技术的发展，我们是时候改变这种形式了。如果IASB能够掌控这种形式上的变化，那就太好了。应该试着让年轻一代的信息使用者通过网络来获取财务信息。看看孩子们，他们都在网上自由交流。他们没有通讯录，也不会给伦敦或者哥本哈根寄贺卡——这些都在网上做好了。而我们的财务报告，还只是在纸上。我们必须找到一种方式，让财务报告更加生动，满足年轻一代的需求。这可能需要不同的流程。我们现在习惯于适合A4纸使用的流程。但未来，我们恐怕需要思考一种新的不同的流程来适合我们的iPad、电脑甚至是手机。

这一变化也给了我们很多新的机会来更有条理、更有效、更好地解释财务信息。当你看到一个数字时，你肯定想要知道和这个数字有关的所有信息。这在纸上是不可能实现的。也许你不得不翻到32页和64页来找到这些信息。而在这种变化之后，你只要在想要了解的数字的两边或者顶端点击一下，就几乎能在同时看到相关的信息了。

项目五　档案留存

经过半个多月的忙碌，小萌和她的同事终于编制完成了各种会计报表。小萌心想这下可以好好放松一下了。可同事告诉她，编制好报表并没完事，还需要把它们妥善保存下来，并将这个工作交给小萌来做。那么，该如何处置这些会计档案呢？

学习目标

知识目标

（1）了解会计档案的内容。

（2）了解会计档案的保管期限。

（3）了解会计档案的查阅、销毁程序。

技能目标

（1）能将会计档案整理归档。

（2）能妥善保管会计档案。

任务一　整理档案

任务描述

通过本项目的学习，要求学生了解什么是会计档案，学会如何整理档案。

知识平台

一、会计档案的内容

会计档案是指会计凭证、会计账簿和财务报告等会计核算专业材料，是记录、反映单位经济业务的重要史料和证据。会计档案对于总结经济工作，指导生产经营管理和事业管理，查验经济财务问题，防止贪污舞弊都具有重要作用。国家机关、社会团体、企业、事业单位、按规定应当建账的个体工商户和其他组织（以下简称各单位），应当依照《会计档案管理办法》管理会计档案。

会计档案是会计核算的专业材料，会计档案具体包括以下内容：

（一）会计凭证类

该类会计档案包括原始凭证、记账凭证、汇总凭证、其他会计凭证。

（二）会计账簿类

该类会计档案包括总账、明细账、日记账、固定资产卡片、辅助账簿、其他会计账簿。

（三）财务报告类

该类会计档案包括月度、季度、年度财务报告，其他财务报告。

（四）其他类

该类会计档案包括银行存款余额调节表、银行对账单、会计档案移交清册、会计档案保管清册、会计档案销毁清册和其他应当保存的会计核算专业资料。实行会计电算化单位存储在磁性介质上的会计数据、程序文件及其他会计核算资料均应视同会计档案一并保管。

小链接

各单位的预算、计划、制度等文件资料属于文书档案，不属于会计档案。

二、会计档案的整理、归档和查阅

（一）会计档案的整理

在明白了什么是会计档案之后，会计档案该如何整理呢？

1. 会计凭证的整理

会计机构要将当年形成的会计凭证加以整理、编号、装订成册，在封面上应注明企业的名称、年度、月份、起讫日期、起讫号数、册数、有关人员盖章等内容，并加盖公章。如需单独保管的原始凭证，可单独装订，但须在记账凭证上注明以备查询。

2. 会计账簿的整理

对于活页账和卡片账在年度终了后要分类统一编号装订成册，并加具扉页，注明单位名称、期限、页码，有关人员还应签章。

3. 财务会计报告的整理

会计机构应将财务会计报告及辅助文字说明进行整理。

4. 其他会计资料的整理

其他会计资料如银行存款余额调节表、银行对账单等，应按时间的先后顺序装订成册，注明起止时间、有关人员签章并加盖公章。

（二）会计档案的归档

各单位每年形成的会计档案，应当由会计机构按照归档要求，负责整理立卷，装订成册，编制会计档案保管清册。各单位当年形成的会计档案，在会计年度终了后，可暂由会计机构保管一年。期满后，应当由会计机构编制移交清册，移交本单位档案机构统一保管；未设立档案机构的，应当在会计机构内部指定专人保管。

想一想

出纳人员可以兼管会计档案吗？

移交本单位档案机构保管的会计档案，原则上应当保持原卷册的封装。个别需要拆封重新整理的，档案机构应当会同会计机构和经办人员共同拆封整理，以分清责任。

（三）会计档案的查阅

各单位保存的会计档案不得借出。如有特殊需要，经本单位负责人批准，可以提供查阅或者复制，并办理登记手续。查阅或者复制会计档案的人员，严禁对会计档案涂画、拆封和抽换。各单位应当建立健全会计档案查阅、复制登记制度。

任务实施

（1）请详细说明会计档案包含的内容。

（2）请说出如何整理会计档案。

（3）发放会计档案给学生，并请学生向大家示范如何整理会计档案。

任务二　保管档案

任务描述

通过本项目的学习，要求学生学会如何整理档案，并清楚会计档案的保管期限。

知识平台

一、会计档案的保管期限

学会了整理会计档案后，小萌把这一年内所有的会计凭证、账簿和财务报告等统统都整理好了，她认为只要是把它们永久保管在一起就行了。那么，会计档案有保管期限吗？不同的会计档案的保管期限都是一样的吗？

根据《会计档案管理办法》的规定会计档案保管期限分为永久和定期两类。永久，即是指会计档案须永久保存；定期，是指会计档案的保存应达到法定的时间，会计档案的定期保管期限分为 3 年、5 年、10 年、15 年和 25 年五种。会计档案的保管期限，从会计年度终了后一天算起。企业和其他组织会计档案保管的期限如表 4-5-1 所示：

表 4-5-1 企业和其他组织会计档案保管的期限

序号	档案名称	保管期限	备注
一	会计凭证类		
1	原始凭证	15 年	
2	记账凭证	15 年	
3	汇总凭证	15 年	
二	会计账簿类		
4	总账	15 年	包括日记总账
5	明细账	15 年	
6	日记账	15 年	现金日记账和银行存款日记账保管 25 年
7	固定资产卡片		固定资产报废清理后保管 5 年
8	辅助账簿	15 年	
三	财务报告类		包括各级主管部门汇总财务报告
9	月、季度财务报告	3 年	包括文字分析
10	年度财务报告（决算）	永久	包括文字分析
四	其他类		
11	会计移交清册	15 年	
12	会计档案保管清册	永久	
13	会计档案销毁清册	永久	
14	银行存款余额调节表	5 年	
15	银行对账单	5 年	

二、会计档案的销毁

知道了会计档案的保管年限后，小萌心中还有最后一个问题：对于到期的会计档案该如何处理呢？

根据《会计档案办法》的规定，会计档案保管期满需要销毁的，除特殊规定外，应当按照以下程序予以销毁。

（一）编制会计档案销毁清册

会计档案保管期满需要销毁的，由本单位档案机构会同会计机构提出销毁意见，编制会计档案销毁清册，列明销毁会计档案的名称、卷号、册数、起止年度档案号、应保管期限、已保管期限、销毁时间等内容，由单位负责人在会计档案销毁清册上签署意见。

（二）专人负责监销

销毁会计档案时，应当由单位档案机构和会计机构共同派员监销。国家机关销毁会计档案时，应当由同级财政、审计部门派员监销。财政部门销毁会计档案时，应由同级审计部门派员监销。监销人员在销毁会计档案前，应当按照会计档案销毁清册所列内容清点核对所要销毁的会计档案；销毁后，应当在会计档案销毁清册上签名盖章，并将监销情况报告本单位负责人。

（三）不得销毁的会计档案

对于保管期满但未结清债务的原始凭证，以及涉及其他未了事项的原始凭证，不得销毁，而应当单独立卷，保管到未了事项完结为止。单独抽出立卷的会计档案，应当在会计档案销毁清册和会计档案保管清册上注明。另外，正在建设期间的建设单位，其保管期满的会计档案也不得销毁。如表4-5-2所示。

表4-5-2　会计档案销毁清册

案卷号	单位	类别	案卷标题	所属年月	会计专业编号	页数	保管期限	鉴定日期	销毁日期	备注

任务实施

（1）要求举例说明会计档案的保管期限。

（2）要求明确哪些岗位不能参与会计档案的整理和保管工作。

小链接

会计档案的未来之路——会计档案数字化

实现会计电算化后，会计档案的内涵扩大了，不仅包括纸质的文件，还包括电算化的会计软件，以及利用这些软件生成的电子版本的会计凭证、会计账簿和会计报告等文件。会计档案的内容增多了，管理工作范围扩大，会计档案管理任务也比以前更加繁重。

会计档案数字化就是将所有的原始凭证通过影像扫描、电子签名、OCR等先进的技术手段转化成电子文件，通过会计软件而随之生成的记账凭证、会计账簿和财务报告等会计档案都以电子文件的形式出现和管理。只保留极少数重要的原始凭证纸质档案，原始凭证也不再附在记账凭证后面作为附件来装订，不需要打印纸质会计档案。即从原始凭证的输入开始一直到最后的财务报告的生成，整个流程都通过电脑来完成，全程实现数字化采集和数字化处理。日常活动也都通过计算机和网络来获取、查找、利用和管理会计档案。会计档案数字化的优势主要体现在以下几个方面：①数字化的会计档案节省空间；②数字化的会计档案方便查找和管理；③数字化的会计档案大大节省了管理成本。然而，会计档案数字化需要解决的问题：数字化会计档案的安全性；会计档案数字化的IT人才。

参考文献

［1］孟繁金、张华：《基础会计》，北京：中国财政经济出版社，2011年版。

［2］李海波：《新编会计学原理》，上海：立信会计出版社，2011年版。

［3］云南省会计从业资格考试辅导教材编写组：《会计基础》，北京：经济科学出版社，2011年版。

［4］励丹：《基础会计》，上海：华东师范大学出版社，2010年版。

［5］肖燕、刘晓、徐天德：《基础会计》，大连：东北财经大学出版社，2012年版。